BOBBY NEWMAN BCBA-D
DANA R. REINECKE BCBA-D

Detectives de la Conducta

— Un libro de trabajo para formar a profesionales en análisis de conducta aplicado a la enseñanza de niños con necesidades educativas especiales.

BOBBY NEWMAN BCBA-D
DANA R. REINECKE BCBA-D

Detectives DE LA Conducta

— Un libro de trabajo para formar a profesionales en análisis de conducta aplicado a la enseñanza de niños con necesidades educativas especiales.

Autores de capítulo
Krista C. Bradford
Rocío Chávez
Regina Claypool-Frey
Nicole Dibra
Tammy Natof
Mary Ann Klein
Denise Lombardi
Karissa E. Masuicca
Kristine Quinby
Holly Rittenhouse
Jeff Samuel
Sharon Sexton-Braun

Edicion en español de
Celia Nogales González BCBA
Javier Virués Ortega BCBA-D

Edición y traducción: Celia Nogales González, Javier Virués Ortega
Crédito de las imágenes de cubierta: Freerange Stock LLC, Envato Elements Pty Ltd.
Diseño de cubierta: Javier Virués Ortega
Maquetación: Bogdan Matei

Citar esta obra (APA, 7ª ed.)

Newman, B., y Reinecke, D. R. (Eds.). (2022). *Detectives de la Conducta: Un libro de trabajo para formar a profesionales en análisis de conducta aplicado a la enseñanza de niños con necesidades educativas especiales* (C. Nogales González y J. Virués Ortega, eds. y trads.). ABA España. https://doi.org/10.26741/978-84-09-43991-1 (Original publicado en 2007)

ABA España es una organización dedicada a la difusión, enseñanza e investigación en el campo del análisis aplicado de conducta en el mundo de habla hispana con iniciativas educativas, editoriales, tecnológicas y científicas, visítanos en aba-elearning.com

ISBN-13 978-84-09-43991-1 (Edición en rústica)
https://doi.org/10.26741/978-84-09-43991-1
Colección: ABA España Guías Clínicas
Año de publicación: 2022

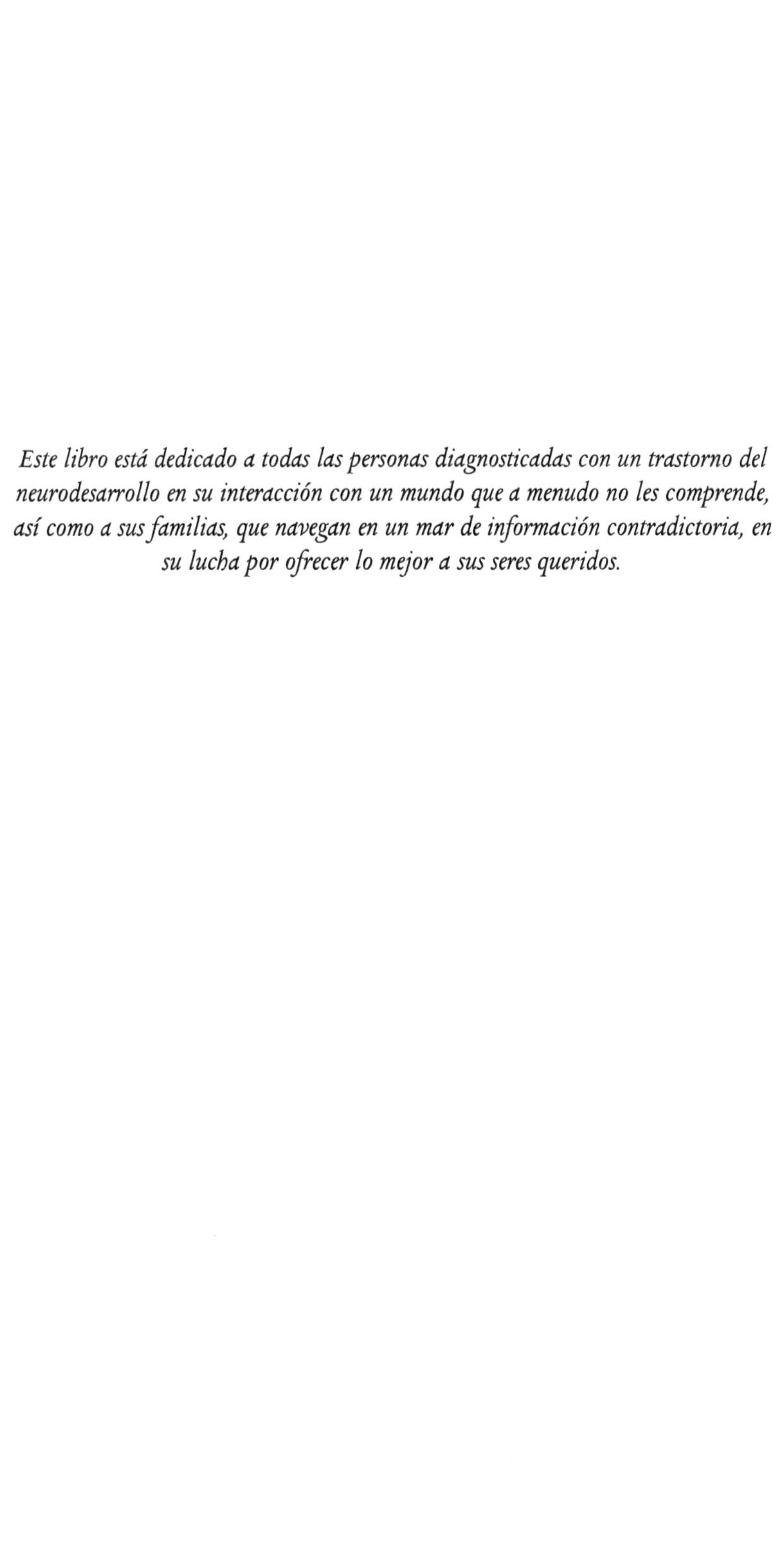

Este libro está dedicado a todas las personas diagnosticadas con un trastorno del neurodesarrollo en su interacción con un mundo que a menudo no les comprende, así como a sus familias, que navegan en un mar de información contradictoria, en su lucha por ofrecer lo mejor a sus seres queridos.

Estudios de caso

Soluciones

Prefacio a la Edición en Español

"Una enciclopedia es un libro o conjunto de libros lleno de hechos y datos organizados la A a la Z. Y así era la cabeza de Enciclopedia Brown. Había leído más libros que nadie en Idaville, y nunca olvidaba lo que leía".

Donald J. Sobol

Detectives de la conducta ha sido uno de los libros que más he disfrutado. Compartí este proyecto con un pequeño grupo de buenos amigos y colegas, y pude rendir homenaje a una serie de libros que disfruté mucho cuando era niño. *Detectives de la conducta* fue mi homenaje particular a la colección juvenil *Enciclopedia Brown*[1] que pasaron por mis manos durante los años del colegio. Consistían en historias cortas de un niño-detective. El protagonista veía inmerso en diversas situaciones e inevitablemente resolvía el crimen, pero no era evidente cómo lo hacía. Tenías que intentar resolverlo por ti mismo basándote en los hechos y datos que se presentaban y luego ibas a la parte de atrás del libro donde se esbozaba la explicación de cómo el joven Leroy "Enciclopedia" Brown resolvía el misterio.

Al principio de mi carrera como escritor y profesor universitario, me di cuenta de que se me daba mejor llegar al público mediante la narración de historias que mediante la mera exposición de hechos o datos. Llegue a convencerme de que la gente memorizaba historias cómicas y canciones, pero rara vez pasajes de libros. Así que empecé a perfeccionar una forma de pensar acerca de hechos y datos que permitiera transmitir, por ejemplo, cómo llevar a cabo una determinada técnica de análisis aplicado de conducta (ABA). Luego trataba de pensar en una anécdota memorable de mi trabajo clínico que ejemplificara

1 *N. del E.*: Colección juvenil de libros de aventuras con el niño-detective Leroy Brown, conocido como *Enciclopedia Brown*, como protagonista. La serie fue publicada desde 1963 a 2012 por Donald J. Sobol (1924-2012).

el principio. Me di cuenta muy pronto de que la estrategia era aún más efectiva si el principio que se deseaba exponer no funcionaba perfectamente a la primera, haciéndose necesario, por tanto, el pensar en el cómo y el porqué del procedimiento. Así se desarrolló el estilo expositivo y de escritura que finalmente daría lugar a *Detectives de la conducta.* Descubrí que si podía introducir un poco de humor, eso hacía que la información que intentaba transmitir fuera más memorable; más fácil de recordar para el lector, por lo que hice lo posible por que el elemento humorístico estuviera también presente.

Debo admitir que esta estrategia no impresionó favorablemente a todo el mundo. Una vez me acusó un colega más veterano que yo de imitar a P. T. Barnum[2] en lugar de a B. F. Skinner, lo cual, ciertamente, podría considerarse un alago. Por otro lado, muchos estudiantes me han dicho que este enfoque hace que la ciencia les parezca mucho más real y que aprender el proceso de pensamiento que hay detrás de las técnicas y principios les facilita una comprensión más firme de lo que están haciendo en lugar de limitarse a seguir un guion. Esto también facilita la comprensión de cómo debemos de cambiar un procedimiento si no funciona, ya que se entiende mejor por qué puede no funcionar y cómo solucionarlo.

La versión original en inglés de *Detectives de la conducta* se publicó en 2007. Ha sido generalmente bien recibida para lo que pretendía ser, un libro de ejercicios para practicar el proceso de pensamiento que hay detrás de ABA. Ha habido alguna que otra mala crítica en Amazon, incluida mi favorita, en la que el lector se muestra algo molesto porque cuando uno se dirige a la a la parte de atrás para encontrar la solución al misterio de por qué el plan de tratamiento no funciona, la solución casi siempre requería... ¡cambiar el plan de tratamiento! Me desconcertó un poco esa reseña, y me dije algo así como: "Sí, de eso trata el libro. Cómo y por qué cambiar los planes de tratamiento conductual cuando no funcionan". Si escribiera un libro sobre gaviotas, probablemente utilizaría mucho la palabra "gaviota"... Dejando de lado esta extraña queja, espero que el libro haya conseguido lo que me propuse, que era ayudar a los nuevos analistas de conducta

2 *N. del E.:* P. T. Barnum (1834-1891) fue un artista circense, empresario y político americano considerado el "mayor *showman* de todos los tiempos". Se le atribuye la frase «El arte más noble es el de hacer felices a los demás».

a reflexionar más profundamente sobre su disciplina de una manera divertida y memorable.

Estoy encantado de que este libro esté ahora disponible en el hermoso idioma español que estudié durante muchos años en el sistema escolar público de la ciudad de Nueva York y escuché a mi alrededor creciendo en mi ciudad natal de Rockaway Beach, Nueva York. Agradezco profundamente a Celia y a Javier por emprender este trabajo. Espero que el libro sea agradable y útil.

Bobby Newman

17 de octubre de 2022

Prólogo

"La historia muestra, una y otra vez
cómo la naturaleza señala la locura del hombre"
Blue Oyster Cult

"No es lo que sabes,
es lo que no sabes"
Barenaked Ladies

Las dos citas anteriores, de dos de mis grupos musicales favoritos, resumen un punto clave del análisis aplicado de conducta (ABA). El mensaje dice, simplemente, que a la naturaleza no le importa lo que intentas hacer. A la naturaleza sólo le importa lo que realmente ocurre. Para presagiar algunas de nuestras historias, puedo aplicar una consecuencia, pero eso no significa que la consecuencia vaya a funcionar como reforzador de la conducta. Puedo introducir un procedimiento de tiempo fuera, pero eso no significa que la conducta objetivo vaya a reducir su probabilidad futura de ocurrencia. Sólo los datos pueden decirme si mis procedimientos están teniendo el efecto deseado, si estoy utilizando los procedimientos de forma correcta y eficazmente.

Lo que sigue, son estudios de casos que ponen de relieve algunos errores comunes que se cometen cuando se trabaja con problemas de conducta en el campo de la educación. Para intentar hacerlo un poco más divertido, los estudios de caso están descritos como historias de detectives. Proporcionamos un escenario en el que introducimos un error o varios errores en la historia. El lector puede pensar en la "solución" e ir al final del libro para ver lo que realmente ocurrió. Las historias se han escrito a modo ficticio para proteger el anonimato, pero todas se basan en escenarios clínicos reales con los que los autores se han encontrado en las últimas dos décadas.

Necesariamente, habrá algunas repeticiones dentro de las historias. Lo hemos hecho así deliberadamente, con algunos puntos clave, ya que merecen ser repetidos y cada capítulo pretendía ser una unidad independiente. Esperamos que este libro pueda utilizarse en la formación de personal como una herramienta para perfeccionar la capacidad de observación y análisis de los futuros analistas de conducta. Debemos advertir, por supuesto, que esto no sustituye a la necesidad de participar realmente en un contexto clínico bajo la tutorización de un supervisor competente y aprender a prestar servicios eficaces in vivo.

Al principio de mi carrera observé que, mientras que las personas suelen memorizar los diálogos de las películas y los monólogos, parece que les cuesta recordar los principios de conducta. Con esto en mente, se creó un "personaje" que incorporase los principios de conducta dentro de una obra de este tipo. En consonancia con este enfoque, hemos mantenido deliberadamente el estilo de escritura cercana e informal, con algún toque de humor. Queremos que el material sea interesante de leer y fácil de recordar. Por favor, no confundas los personajes de los casos con las personas y los problemas reales que aquí se tratan, ni los toques de humor con la tremenda seriedad de algunos de los temas que presentamos.

Bobby Newman

ESTUDIO DE CASO 1:

Una economía de fichas para reducir la agresividad hacia el personal que no funciona

En nuestro primer ejercicio, relataré la historia de lo que ocurrió cuando me pidieron que abordara el problema de conducta de Natalia, una niña de preescolar diagnosticada con trisomía 21. Natalia tenía discapacidad intelectual moderada. Podía hablar, pero su vocabulario era limitado y su articulación era deficiente. Presentaba conductas agresivas hacia los miembros del personal en su clase de preescolar.

Natalia estaba inscrita en un programa para niños tanto de desarrollo típico como diagnosticados con algún trastorno del neurodesarrollo. Cuando llegué para observar, el personal me informó de que la agresividad de Natalia hacia ellos se había intensificado en los últimos meses. Por lo general, Natalia pasaba el tiempo agrediéndoles, dándoles bofetadas con la palma de la mano. El objeto más común de la agresión era el maestro de apoyo que le habían asignado, tanto para trabajar con su conducta como para adaptar las actividades a sus necesidades particulares.

El psicólogo del colegio, responsable del programa de preescolar, había puesto en marcha un plan de tratamiento unas seis semanas antes. El plan estaba basado en una reunión que se había celebrado con el personal afectado. Antes de la reunión no se había recogido ningún análisis funcional sistemático, ni datos A-B-C (información sobre la conducta, lo que ocurrió antes y lo que ocurrió después), por lo que la discusión consistió en las interpretaciones del personal al pensar en ejemplos concretos de la conducta de Natalia que habían experimentado.

Comentaron que la conducta se manifestaba en varias condiciones y por diferentes razones. No se había determinado una función clara para la conducta, pero decidieron poner en marcha un sistema de economía de fichas para disminuir las bofetadas. La economía de fichas consistía en lo siguiente:

A. Se le entregaría a Natalia un tablero con 25 fichas ya colocadas.

B. Si Natalia abofeteaba a un miembro del personal, se retiraría una ficha del tablero (un procedimiento de coste de respuesta).

C. Si quedaba alguna ficha en el tablero al final de cada intervalo de tres horas, se le permitiría elegir un reforzador de un menú de reforzadores.

Si Natalia abofeteaba a un miembro del personal, éste le decía "no se abofetea". La actividad no se daba por terminada a menos que la agresión se intensificara hasta el punto de que el personal considerase que tenía que retirar a Natalia del grupo para que se calmara.

Durante mi primer día de observación las bofetadas se produjeron en un porcentaje muy elevado. Natalia ganó un reforzador durante el primer intervalo de tres horas del día (eligió usar el ordenador como reforzador), pero no ganó ninguno durante el segundo intervalo de tres horas. De hecho, perdió todas sus fichas en la primera hora del segundo bloque de tres horas. La conducta siguió aumentando durante el resto del día. En los días siguientes rara vez obtuvo algún reforzador, hasta que ajustamos el plan de tratamiento.

Pasa a la página 115 para ver la interpretación del problema, así como la modificación que se le hizo al plan de tratamiento para que fuese más eficaz.

ESTUDIO DE CASO 2:

Jaime solo puede discriminar colores en casa

Para nuestro segundo ejercicio presentamos la dificultad educativa a la que se enfrenta Jaime. A Jaime le habían diagnosticado un trastorno del espectro autista a los dos años. Sus padres iniciaron inmediatamente un programa intensivo en casa, pagando de su bolsillo enormes cantidades de dinero para que su hijo recibiera el apoyo necesario. Este programa intensivo continuó durante sus años de intervención temprana y preescolar. A los cinco años, entró en el colegio. El primer paso en el colegio fue hacerle una evaluación (líneabase) de las habilidades que tenía en ese momento. Los meticulosos registros del programa en casa deberían haber hecho que este procedimiento de evaluación fuera bastante sencillo y que la transición al colegio fuera perfecta. Por desgracia, surgieron problemas.

Cuando el personal del colegio intentó reproducir los programas que se trabajaban en casa, el rendimiento de Jaime no se acercaba, ni por asomo, a los niveles indicados por los datos del programa en el hogar. Se organizó una reunión con el personal que trabajaba en casa para determinar si había alguna diferencia en la forma en que los maestros del aula podían estar llevando a cabo los programas, que pudiera explicar las diferencias en el rendimiento observado en función del contexto. Para sorpresa del personal del colegio, la reunión se caldeó rápidamente con las acusaciones, poco sustentadas, de los profesionales que trabajaban en casa sobre la incompetencia del personal de la escuela. El personal que trabajaba en casa se ofreció a volver otro día para enseñar una grabación en vídeo del programa de casa y demostrar así las habilidades de Jaime. Como la reunión tenía lugar durante la jornada escolar, se sugirió, en cambio, que el responsable del programa en casa fuera al aula de Jaime en ese momento y le entrenara en algunos de los procedimientos de enseñanza. Se seleccionó un programa de discriminación de colores como primer programa. La maestra intentó llevar a cabo el programa tal y como lo hacía en casa. Jaime dio respuestas aleatorias.

En la página 118 encontraras una interpretación del problema, así como la modificación que se hizo en los procedimientos de enseñanza.

ESTUDIO DE CASO 3:

María pasa mucho tiempo en el suelo del aula

En nuestro tercer escenario presentamos a María y al personal que intentaba enseñarle. Me pidieron que hiciera una consultoría debido a que María se tiraba de su silla y pasaba mucho tiempo en el suelo del aula.

El programa escolar había contratado previamente a otro consultor de análisis de conducta. Este había realizado algunas evaluaciones y había sugerido que la conducta de tirarse al suelo cumplía una función de búsqueda de atención. Según esta interpretación, la conducta de María estaba siendo reforzada socialmente por los miembros del personal, que intentaban convencerla de que volviera a su silla.

El plan de tratamiento, por tanto, iba a estar basado en la extinción. El personal no reforzaría el hecho de que María se tirase al suelo, pidiéndole repetidamente que volviera a su silla. Ahora, se limitarían a esperar y a preguntarle con calma, una vez por minuto, si estaba preparada para volver a su silla.

Después de varias semanas, el personal de la escuela llegó a la conclusión de que el plan no estaba funcionando. De hecho, parecía que María pasaba cada vez más tiempo en el suelo y esto interfería gravemente en la enseñanza.

Pas a la página 121 para ver una interpretación del problema, así como a la modificación que se le hizo al plan para hacerlo más eficaz.

ESTUDIO DE CASO 4:

Parece que el tiempo fuera no reduce las agresiones de Roberto

En el año en que se formó la Asociación para el análisis de conducta, un joven que estaba diagnosticado con un daño cerebral mínimo empezó a presentar una gran cantidad de conductas agresivas en el colegio. La agresividad, curiosamente, se daba en la clase de arte.

Al parecer, Roberto había entrado en arte con el resto de su clase una mañana y, de repente, sin previo aviso y sin ningún precedente aparente para la conducta, le dio un puñetazo en la nuca a un compañero de clase. El otro estudiante se desplomó limpiamente sobre su caballete hasta acabar en el suelo. Enviaron a Roberto a la oficina del director para aplicarle un tiempo fuera.

Al día siguiente, al llegar a la clase de arte el profesor apartó a Roberto y le preguntó: "No vamos a repetir lo que ocurrió ayer ¿verdad?". Roberto le aseguró que no lo haría, que hoy sería diferente. Fiel a su palabra, dos minutos más tarde, soltó de repente una feroz patada en el riñón del chico que estaba en el caballete de al lado. De nuevo, se le envió al despacho del director.

El tercer día se le aisló de los demás estudiantes. Sin embargo, después de unos dos minutos en su caballete, cogió una lata de refresco de su bolsa del almuerzo y la echó en las plantas de los profesores, matándolas a todas. De nuevo, se le envió a la oficina del director. Esta vez, Roberto había ido demasiado lejos. Se le prohibió ir a clase de arte. Mientras los demás estudiantes se divertían en esta clase, él tendría que hacer de monitor y repartir hojas de rexo por los pasillos de su colegio. Si no tienes la edad suficiente para recordar las hojas de rexo (*multicopista*), son anteriores a las fotocopias y son hojas de color púrpura claro que salen de un rodillo y desprenden unos olores muy agradables.

Ve a la página 123 para ver la interpretación del problema. Desgraciadamente, no se disponía de un consultor en análisis de conducta para este caso, por lo que no veremos el plan de modificación de conducta que podría haber resultado eficaz, sino sólo una interpretación. Sin embargo, podemos hacer algunas conjeturas, ya que la conducta desapareció después de la narración. Resulta interesante que nuestro estudiante comparta nombre con el sacristán que encendió los faroles para Paul Revere[1]*. Búscalo.*

1 *N. del E.:* El 18 de abril de 1875, justo antes de la Guerra de la Independencia Americana, Paul Revere dio el aviso a la milicia colonial de la llegada de los primeros soldados británicos en la llamada "Cabalgata de Medianoche". Fue Robert Newman, sacristán de la Old North Church, el que encendió los faroles para avisar a Revere de la llegada.

ESTUDIO DE CASO 5:

Casos de tocamientos socialmente inapropiados

Nuestra quinta anécdota nos lleva a un tema muy serio, uno en la que una programación mal pensada tuvo, por desgracia, implicaciones legales para el individuo en cuestión. Esta área es la de la educación sexual. Tal vez, más que ninguna otra, se trata de un área que suele causar una vergüenza personal irracional a muchos clínicos y padres, así como preocupaciones muy reales en torno a cuestiones legales para la familia y para el individuo en cuestión.

Lo que vemos aquí es un clásico "montaje". Como los temas de educación y conducta sexual incomodan a muchas personas, tienden a evitar abordarlos en su programación educativa. Al ayudar a abrir una residencia para adultos diagnosticados con autismo, una vez mencioné la necesidad de impartir educación sexual, ya que faltaba en los currículums educativos de los individuos implicados. Tras unos instantes de asombro y silencio, uno de los padres me informó de que "mi hijo no piensa en eso". Conociendo bien a ese joven de 22 años en particular, sospeché que él, como muchos jóvenes de 22 años con un desarrollo típico, pensaba en poco más que eso.

Hay dos caras en esta idea errónea: un mito sin sentido es que las personas con diferencias neurológicas son todas depredadoras sexuales; la otra cara, igualmente disparatada, es que las personas diagnosticadas en el espectro autista no son seres sexuales. Aunque algunos individuos diagnosticados en el espectro describirán tener pocos sentimientos o deseos de este tipo, muchos otros describen los mismos anhelos profundos que las demás personas. No apreciar y abordar las cuestiones relacionadas con la sexualidad de estas personas es tan condescendiente como extremadamente miope. Como se ha señalado anteriormente, esta falta de una educación sexual adecuada puede conducir a una conducta inadecuada por parte del estudiante. Sólo en los últimos tres años, yo (BN) he participado personalmente en varios casos para mantener a personas diagnosticadas con autismo o síndrome de Asperger fuera de la cárcel, debido a acusaciones de agresión sexual.

En nuestro caso actual, Laureano era un adolescente diagnosticado con autismo. Iba al instituto de su barrio con un maestro ayudante individualizado. Yo trabajaba en el colegio de al lado, que había abierto una clase para que los estudiantes diagnosticados con autismo volvieran a sus colegios del barrio desde entornos más restringidos. Me pidieron que fuera al instituto para abordar una situación potencialmente grave que amenazaba la posición de Laureano y su posible libertad.

Durante el otoño del año escolar, Laureano había empezado a tocar a algunas de las mujeres del personal del instituto en lo que se consideraría, una manera íntima inapropiada, culturalmente hablando. Los tocamientos denunciados incluían colocar su brazo alrededor de los hombros o la cintura de los miembros del personal femenino, así como colocar su mano en el cuello o en el pecho de las mujeres. El psicólogo del instituto había puesto en marcha un plan de tratamiento. A Laureano se le enseñó, mediante el juego de roles en la oficina del psicólogo del instituto, a pedir permiso antes de realizar cualquier tipo de tocamiento con el personal femenino.

Las observaciones de Laureano dentro del programa confirmaron los informes de conducta previos. Concretamente durante los momentos de transición, se le observó intentando rodear con el brazo a un miembro femenino del personal para caminar por el pasillo hacia otra aula. Durante aproximadamente un tercio de las observaciones, efectivamente, caminó por el pasillo del brazo de la empleada o con el brazo rodeándola completamente. También se observó que mantenía mucho contacto físico durante la terapia ocupacional con una joven terapeuta tumbada boca abajo sobre su espalda, dentro de una piscina de bolas, mientras él estaba boca abajo sobre las bolas.

Se observó que Laureano pedía permiso antes de tocar al personal femenino (con la excepción de la terapeuta ocupacional, donde el contacto físico lo iniciaba la terapeuta). De hecho, pedía permiso con fluidez. A pesar de esta fluidez, al menos una persona estaba tan molesta por los tocamientos repetidos a los que se veía sometida, que había presentado una denuncia. La situación se estaba intensificando claramente hasta llegar a un punto de posible gravedad. Mientras a mi me estaba costando resistirme al impulso de tocar inapropiadamente a la psicóloga del instituto en la cabeza con mi bastón favorito de espino negro irlandés (¡por lo que me podrían también denunciar!).

Pasa a la página 126 para ver la explicación de esta aparente incongruencia y lo que habría que hacer para prevenir sucesos semejantes en el futuro.

ESTUDIO DE CASO 6:

Un plan con tarjetas de descanso para reducir la agresividad no da en el blanco

Nuestro siguiente escenario nos lleva al extremo este de Long Island. Un joven diagnosticado con un trastorno generalizado del desarrollo (TGD) que agredía al personal. Este problema de conducta se había dado en el pasado, pero los planes de tratamiento la habían reducido con éxito. Sin embargo, se solicitó una consultoría porque la conducta había resurgido a niveles bastante elevados.

Una visita al colegio de Ismael indicó que ya existía un plan de tratamiento integral. Antes de observarle, me reuní con el psicólogo del colegio que era responsable de elaborar los planes de modificación de conducta. Había un plan de tratamiento multielemento:

1. Si Ismael no incurría en la conducta de agredir podía ganar puntos para tomar un descanso y realizar una actividad preferida.
2. Si Ismael sentía que se agitaba o se frustraba, podía optar por salir de la actividad para tomarse un descanso durante un tiempo breve. Lo hacía presentando una tarjeta en la que ponía "Necesito un descanso".

Al principio, todo parecía ir bien con el plan. Durante la primera hora de observación, Ismael no protagonizó ninguna agresión hacia el personal. Curiosamente, sí intentó utilizar su tarjeta de descanso en varias ocasiones. Sin embargo, lo que no era inmediatamente evidente, era el programa de reforzamiento con el que se utilizaba la tarjeta de descanso. En algunas ocasiones Ismael intentó utilizar la tarjeta y fue redirigido de nuevo a su mesa, es decir, no se le permitió tomar el descanso, en contra del plan escrito. Se observó cierta agresividad esporádica, principalmente bofetadas al profesor Estas bofetadas, a menudo, precedían a un descanso.

Después de que Ismael hubiese ganado el número requerido de fichas, se le permitía dar un paseo hasta una sala donde estaban sus vídeos favoritos y una máquina de karaoke muy chula. Hicimos un par de dúos de *Moving Right Along* y tuve que pedirle al psicólogo del colegio que me explicase el uso de la tarjeta de descanso ¿Por qué no se cumplía después de cada petición?

El psicólogo me explicó el sistema y el dilema. Al parecer, Ismael había utilizado el sistema con bastante éxito al principio, pero después había empezado a utilizar la tarjeta como conducta de evitación. La utilizaba con demasiada frecuencia, incluso cuando "no necesitaba un descanso". Me aseguraron que le dejaban tomar un descanso cuando realmente lo necesitaba, pero no cuando utilizaba la tarjeta con el objetivo de evitar. Pregunté cómo podía el personal distinguir la diferencia y me informaron de que, si daba la tarjeta cuando estaba aparentemente tranquilo, sabían que era una conducta de evitación. Sin embargo, si Ismael daba la tarjeta cuando estaba agitado o mostraba conductas agresivas, sabían que realmente la necesitaba y atendían la petición.

En la página 129 se explica el problema de este sistema y la solución necesaria.

ESTUDIO DE CASO 7:

La conducta autolesiva persiste

Nuestro siguiente estudio de caso fue realmente un poco incómodo. Se observó una conducta autolesiva grave en Carlos, un joven diagnosticado con múltiples dificultades en el desarrollo. Sin embargo, Carlos no era la persona a la que me habían pedido que observara. Irónicamente, estaba allí para observar y analizar la conducta autolesiva de otro estudiante de su misma clase (Simón).

Esto me llevó a un dilema ético. Por un lado, es anatema observar cómo se está reforzando una conducta autolesiva y no hacer nada al respecto. Por otro lado, cuando se le pide a uno que observe e intervenga con un solo estudiante, se supone que no debe preocuparse por la conducta de los demás estudiantes del entorno, salvo en lo que respecta a cómo podría influir en la conducta del estudiante bajo observación en cuestión. Sin embargo, por suerte y dándoles crédito por ello, los miembros del personal fueron capaces de generalizar los comentarios realizados sobre la conducta del estudiante que se me pidió que observara, al comportamiento del estudiante que voy a describir a continuación.

Estábamos en una residencia rural para niños con trastornos graves del desarrollo. Ningún estudiante del aula tenía la capacidad de hablar y los demás sistemas de comunicación existentes se utilizaban de forma inconsistente (en el mejor de los casos). Parecía que se estaba produciendo poco aprendizaje real. Simplemente, el tiempo se iba. El tiempo iba pasando y los turnos iban cambiando. La gente envejecía. No era el lugar más feliz que he visto.

Sucedió, durante mi observación, que nos golpeó una enorme tormenta eléctrica. Un rayo cayó muy cerca del edificio. Por el destello y el estampido sónico, parecía que el rayo había caído a pocos metros de la ventana de la residencia. Carlos empujó una silla hacia la ventana y apretó excitado su cara contra el cristal. El personal, preocupado, le dijo que se alejara de la ventana. Carlos respondió golpeándose la cabeza contra el cristal con bastante fuerza. El personal respondió permitiéndole permanecer junto a la ventana.

En la página 131 se explica la persistencia de los golpes en la cabeza.

ESTUDIO DE CASO 8:

Alan evita realizar las tareas

Siempre es una situación difícil cuando una inclusión en el colegio se ha hecho de forma apropiada y un niño ha estado aprendiendo de forma eficaz, pero luego surgen problemas que hacen que todo el aprendizaje se detenga. Este fue el caso cuando fui a ver a Alan a su colegio.

Este era el segundo colegio al que iba Alan durante el año. Anteriormente, se le había destinado a un programa fuera del distrito que resultó ser inadecuado en cuanto a sus necesidades de conducta. Cuando observé a Alan en este primer programa escolar, pasaba mucho tiempo en el suelo, llorando y evitando las tareas. Se estaba manejando mal su conducta de forma evidente y era necesario un entrenamiento adicional del personal. Sin embargo, se señaló que se había creado recientemente un programa más apropiado y que estaba disponible en su distrito de origen. En dicho programa podría hacer amigos que vivieran más cerca de él. Después de observar el nuevo programa, se acordó que era un lugar más apropiado y que sin duda merecía la pena intentarlo.

Siguió un breve "período de luna de miel", como lo llamó su madre. Durante el primer mes, no se observó ningún problema de conducta realmente grave. Sin embargo, pronto volvió a aparecer la conducta del entorno anterior. Me llamaron de nuevo para ver qué podía estar pasando.

Cuando observé, Alan efectivamente pasaba una buena cantidad de tiempo en el suelo y gritando. Mientras mantenía esta conducta, el personal le ofrecía continuamente diversas opciones de lo que consideraban actividades reforzantes o le regañaban para que se levantara. El personal había intentado poner en marcha un programa de RDO (reforzamiento diferencial de otras conductas), reforzando los períodos en los que se portaba bien. El intervalo estaba fijado en 30 minutos y Alan tenía que ganarse su ficha comportándose apropiadamente durante los períodos de

30 minutos. Observé que el personal daba las fichas en algunos períodos y en otros no. Se preguntaban si Alan había sido "lo suficientemente bueno" durante los 30 minutos anteriores para ganarse el reforzador y entregaban las fichas en consecuencia. En una ocasión notable, Alan estuvo en el suelo durante 25 minutos y se comportó muy bien durante los últimos cinco. El personal le entregó la ficha, preocupado por no reforzar esos cinco minutos de buena conducta.

En la página 133 se explica por qué el plan de tratamiento para reducir la evitación estaba fracasando.

ESTUDIO DE CASO 9:

Los datos A-B-C no están revelando la información necesaria

Me pidieron que viniera a observar a Jaime, un niño diagnosticado con una discapacidad intelectual grave, que estaba teniendo conductas autolesivas y agresiones hacia los demás. Se habían puesto en marcha planes de tratamiento, pero no habían sido eficaces para reducir estas conductas. El psicólogo del colegio admitió que parecía haber múltiples funciones para las conductas y que, por lo tanto, era muy difícil hacer un buen análisis.

Se pidió que acudiera a la mesa. Había estado felizmente sentado en un columpio dentro de la clase, actividad en la que se le había observado durante más del 84% del día hasta ese momento. La maestra había descrito el aula como un aula "sensorial", con el día estructurado en torno a la provisión de experiencias sensoriales, en contraposición al trabajo académico más estructurado. Las exigencias se habían minimizado. Literalmente, sólo se hicieron tres peticiones en un periodo de cuatro horas. Esta petición de venir a la mesa era la cuarta observada hasta el momento.

Un estudiante mayor había acudido a la clase para leerle un cuento a los niños más pequeños. Jaime acudió a la mesa de mala gana. Otro estudiante también estaba evidentemente descontento por la interrupción de su actividad y otro lloraba con fuerza.

Jaime se acercó a la mesa y se sentó junto al estudiante que lloraba. A los cinco segundos, le dio un puñetazo en la cara. Su maestro de apoyo individualizado llamó a otro miembro del personal que, al parecer, era el responsable de ir toamando datos Antecedente-Conducta-Consecuencia (ABC).

"Jaime estaba molesto porque pensó que íbamos a hacer arte, que es lo que siempre hacemos en esta mesa. Por eso le dio un puñetazo".

El otro miembro del personal registró diligentemente esta observación en las hojas suministradas.

Pasa a la página 136 para ver una explicación de por qué los datos recogidos no servirían para el objetivo propuesto.

ESTUDIO DE CASO 10:

La economía de fichas no funciona

Los miembros del personal informaban de que el progreso se había estancado con Ramón, un joven diagnosticado de autismo. Por decirlo de forma poco elegante, no había dominado ni un solo objetivo en todo el año. El personal se quejaba de que era incapaz de conseguir que siguiera incluso la petición más sencilla. A Ramón también se le diagnosticó una discapacidad intelectual severa, un diagnóstico que no pude confirmar ni negar con mis limitadas observaciones. Sin embargo, si se me permite teorizar, estaría dispuesto a apostar que Ramón era capaz de mucho más de lo que el personal había podido discernir.

Cuando le observé en su aula, pude confirmar que los miembros del personal tenían, efectivamente, muchas dificultades para conseguir que el estudiante siguiera cualquier tipo de instrucción. Volviendo a nuestro vocabulario técnico, Ramón había tenido éxito extinguiendo la conducta de "solicitar una instrucción" del personal. En otras palabras, el personal ya casi no se molestaba en pedirle que hiciera algo. La mayor parte del tiempo, Ramón daba paseos por el pasillo con el personal o lo llevaban de un lado a otro sentado en un carrito.

Consulté con el psicólogo del colegio que estaba a cargo de gestionar las estrategias de modificación de conducta sin querer reinventar la rueda. El psicólogo del colegio ya había puesto en marcha, de hecho, una estrategia de modificación de conducta: una economía de fichas. Con la economía de fichas, ganar cinco fichas daba acceso a actividades preferidas. Dado que el seguimiento de instrucciones era un problema en la actualidad, se puso en marcha un programa de reforzamiento muy denso en el que, cada vez que seguía una instrucción se le entregaba una ficha. Desgraciadamente, el personal informó de que nunca podía conceder fichas, ya que el seguimiento de instrucciones era muy poco frecuente.

Sin embargo, si Ramón se ganaba todas sus fichas, los reforzadores disponibles eran muy potentes. De acuerdo con los informes del personal sobre los reforzadores, ganar todas las fichas podía cambiarse por actividades como dar un paseo por el pasillo o empujarlo en un carrito.

En la página 138 se explica por qué la economía de fichas estaba fracasando.

ESTUDIO DE CASO 11:

Juana no encuentra los lápices de colores

El siguiente estudio de caso puede parecer un poco trivial en comparación con otros que hemos expuesto. No se trata de un caso de desobediencia extrema, de conducta autolesiva o de agresión hacia los demás. Sin embargo, presenta una situación frustrante tanto para el personal como para el estudiante. Nosotros diríamos que abordar los déficits de habilidades es tan importante como reducir las conductas disruptivas.

Juana era una joven diagnosticada con un trastorno generalizado del desarrollo no especificado (TGD-NE). Estaba inscrita en un excelente programa para niños del espectro autista. Estaba recibiendo una enseñanza de alta calidad, su conducta se estaba manejando apropiadamente y estaba progresando rápidamente en todos sus objetivos.

Un escollo extraño era un programa de lenguaje receptivo de discriminación auditiva- visual de objetos. Se le pidió que señalara o indicara de cualquier otro modo los objetos solicitados. Se colocaron sus juguetes favoritos en una mesa y se le pidió que los identificara cuando se los nombraran. Identificó rápidamente todos los objetos, pero parecía incapaz de identificar los lápices de colores. Fue un caso clásico del tipo de error que todos cometemos y de por qué es esencial pedir periódicamente una segunda opinión, por muy experto que uno sea.

Se hizo una demostración del programa. Se colocaron seis juguetes sobre la mesa. Incluían piezas de un puzle, la caja de lápices de colores que tanta dificultad estaba causando, una muñeca, un oso de peluche, una videoconsola y una pelota. Identificó todos los objetos que se le pidieron con un porcentaje de acierto del 100%, con la notable excepción de los lápices de colores. Estos los falló todo el tiempo.

Para unos ojos frescos, la razón de la confusión constante con respecto a los lápices de colores era simple. Para ser franco, los lápices de colores no estaban en la mesa.

Pasa a la página 140 para ver la explicación de por qué Juana no podía encontrar los lápices de colores.

ESTUDIO DE CASO 12:

Pablo no sigue instrucciones

Nuestro siguiente estudio de caso nos pone en contacto con dos cuestiones muy comunes: la conducta repetitiva y el cumplimiento de las instrucciones verbales relacionadas con la conducta repetitiva.

Me habían pedido que hiciera una evaluación general de cómo funcionaba Pablo dentro de su programa escolar actual. Sus padres estaban especialmente preocupados porque parecía que no progresaba en su capacidad para utilizar el lenguaje o de socializar con los demás. El seguimiento de instrucciones era igualmente inexistente, e incluso áreas como el entrenamiento para ir al baño seguían siendo un gran problema en este niño de segundo de primaria.

Mis primeros cinco minutos en el aula suscitaron cuestiones de gran preocupación. Cuando llegué, Pablo estaba tumbado en el suelo en un rincón. El personal le pidió repetidamente que se levantara, pero él los ignoró a todos. Me aseguraron que no era una conducta habitual, de hecho, no lo había hecho en meses. No obstante, ahí estaba.

El día siguió su curso. Pablo se levantaba del suelo cuando se realizaban ciertas actividades (por ejemplo, carreras en la clase alrededor de una mesa central). Sin embargo, cuando las actividades terminaban, volvía al suelo o se sentaba junto al ordenador. El personal le dio múltiples ayudas verbales, pero ninguna logró que Pablo participa en la actividad que se estaba llevando a cabo.

Pregunté si había un plan de tratamiento de la conducta o si había hojas de datos para poder revisarlas. Me informaron de que sí lo había y me proporcionaron el papeleo. Para ser sincero, no pude entenderlo. Se suponía que el plan escrito era una versión de un plan de extinción, pero no estaba nada claro qué reforzador estaban eliminando exactamente. La hoja de datos también era un poco vaga y llevaba el título de "Plan de tiempo fuera". Al no ver un tiempo fuera en el plan de tratamiento, me quedé perplejo y pedí una aclaración. Me informaron: "Oh, esa es sólo la hoja que utilizamos. No utilizamos el tiempo fuera". Decir que estaba desconcertado es quedarse corto.

Los niños salieron al recreo, lo cual era sorprendente, dado que la temperatura era casi gélida. Los niños estaban encerrados en una pequeña zona de juegos y les dieron algunas pelotas para que las patearan. En varias ocasiones, Pablo cogió una pelota con la que estaban jugando otros niños y se fue corriendo con ella. Se le informó de que, si no dejaba de hacerlo, se le obligaría a entrar. Continuó haciéndolo.

Más tarde, durante el mismo recreo, Pablo empezó a morder la cadena de un columpio de neumáticos. De nuevo, se le dijo que tendría que dejar de hacerlo o iría al interior del edificio. Continuó haciéndolo. Después fue a coger otra pelota, pero se volvió de nuevo a morder la cadena del columpio. Una vez más se le prometió que habría consecuencias, pero no las hubo. Cada vez que el personal conseguía que Pablo dejara de morder la cadena con los dientes, ya fuera mediante una regañina verbal o mediante una ayuda física, se le decía: "Ahora, ve a jugar bien". El ciclo continuaba.

En la página 142 se explica por qué, probablemente, las instrucciones verbales para que dejara de realizar la conducta repetitiva no fueron eficaces.

ESTUDIO DE CASO 13:

El programa de entrenamiento para ir al baño de José está estancado

José era un estudiante que asistía a una clase de preescolar para niños diagnosticados de autismo. Había cumplido recientemente cuatro años y estaba aprendiendo a comunicarse por primera vez con frases de varias palabras. Estaba emergiendo el interés por otros estudiantes, con iniciaciones sociales ocasionales hacia otro niño de la clase.

Llevábamos algún tiempo trabajando en un programa de entrenamiento para ir al baño. Comenzó como muchos programas de este tipo, con una sesión intensiva de todo el día en el baño. Aprendió a usar el baño y practicó varias veces. Cuando había adquirido la habilidad de ir desde su silla hasta el retrete y evacuaba en él, el programa se generalizó volviendo al aula. Varios miembros del personal se turnaron en el programa y luego trabajaron en la generalización de las habilidades para ir al baño durante los días siguientes.

El éxito en casa fue esporádico. La familia tenía dificultades para mantener el programa de ir al baño, debido al número de niños que había en casa y al hecho de que José a veces se resistía físicamente a ir. Esta resistencia física nunca se notó en el colegio.

Un día, la madre de José llamó al analista de conducta del colegio. Claramente había estado llorando y le sorprendió preguntándole si José sería “expulsado de la escuela porque su madre no puede entrenarlo para ir al baño en casa”. Se le aseguró que eso no ocurriría y se entabló una conversación para determinar qué tipo de apoyo necesitaría en casa para ayudar a que el entrenamiento para ir al baño avanzara. La madre describió, con lágrimas en los ojos, algunos problemas como los que hemos expuesto anteriormente. Terminó su descripción quejándose de que "todavía tiene accidentes. Anoche, cogió mi bolso de la estantería justo delante de mí y se hizo pis en él".

Pasa a la página 143 para ver una explicación de por qué el entrenamiento para ir al baño de José probablemente no iba tan bien como hubiéramos querido.

ESTUDIO DE CASO 14:

El entrenamiento para ir al baño de Eugene está moldeando conductas agresivas

Eugene, era un estudiante diagnosticado con discapacidad intelectual moderada. Había tenido especiales dificultades con el entrenamiento para ir al baño y me trajeron para ver si podía averiguar el motivo.

Como suele ocurrir, el personal clínico tenía una prioridad diferente para Eugene que el personal administrativo. Mientras que a los administradores les preocupaba la falta de progreso de Eugene en el aprendizaje del uso del inodoro, el personal clínico veía su dificultad para ir al baño como un ejemplo más de desobediencia general. Se observó que esta desobediencia escalaba hasta presentar conductas agresivas. Una maestra contó que Eugene se había "puesto en plan Jackie Chan". Tuve la oportunidad de ver a qué se refería, ya que una patada de Eugene impactó, con un sonoro golpe, en la parte exterior del muslo de nuestra aficionada a las películas de artes marciales.

La ocurrencia de este sólido impacto proporcionó las pistas que permitieron que las piezas empezaran a encajar. El temporizador sonó y era la hora de que Eugene fuera al baño. Comenzó a caminar en dirección al baño, pasando por un pasillo en el que había un ordenador detrás de una mampara, separado visualmente del resto de la habitación, con el baño a otros tres metros en este mismo pasillo.

Cuando Eugene se dirigía al baño, se escapó y se sentó frente el ordenador. Se colocó los auriculares en las orejas y empezó a jugar a uno de los juegos. La maestra que le acompañaba intentó levantarle para que siguiera hacia el baño. Le quitó los auriculares y Eugene se levantó y le propinó la mencionada patada contundente en el muslo.

La maestra recitó su frase y se marchó. Eugene siguió con el ordenador y acabó orinándose en los pantalones.

Pasa a la página 145 para ver una explicación de por qué el entrenamiento de Eugene para ir al baño estaba conduciendo en realidad a la agresión.

ESTUDIO DE CASO 15:

La economía de fichas de Lorena está tan muerta como Julio César

Nuestro siguiente ejercicio me obliga a hacer dos de mis muchas (malas) imitaciones. La primera es la de Sean Connery, por el título de nuestro capítulo. La frase, por supuesto, es de la película *"Los Intocables"*. La segunda, es la de Don Adams[2] en su papel de Maxwell Smart. La frase aquí es "¡falló por un pelo!". La primera cita se refería a la propia economía de fichas, la segunda al miembro del personal que la diseñó.

Lorena era una niña a la que se le había diagnosticado autismo. Cuando alcanzó la edad escolar, de un programa en casa sin problemas durante sus años de preescolar, se había dado paso a otro programa en casa que estaba dando problemas. Me trajeron para ver si podía ayudar a impulsar el progreso con este nuevo programa. Cuando pregunté por qué la escuela no utilizaba simplemente al personal del programa en casa que había tenido tanto éxito con Lorena durante preescolar, me dieron vagas explicaciones sobre la falta de formación acreditada por parte de ese personal. Tengo que ser sincero: siempre he odiado ese razonamiento. Tener un título en educación especial, psicología, logopedia o lo que sea, no es promesa de pericia. Tener la experiencia real, el entrenamiento y demostrar la habilidad es más convincente para mí. En tales circunstancias, siempre hago trampa. Me aseguré de tener discusiones en profundidad con el personal y los padres, antes de revisar el nuevo programa del hogar. Perdonad que sea tan simplista, pero 30 años de ineficacia siguen siendo algo ineficaz.

2 *N. del E.:* Donald James Yarmy (1923-2005), más conocido como Don Adams, fue un actor, comediante y director de televisión estadounidense. Fue conocido sobre todo por su papel de Maxwell Smart en la serie Superagente 86.

Dejando a un lado esta tribuna un tanto políticamente incorrecta, analicemos lo que parecía estar ocurriendo con Lorena. Para ser brutalmente honesto y no muy conductual, se aburría como una ostra. Parecía haber poca motivación o entusiasmo. El material didáctico no provocaba ningún tipo de reacción y, desde luego, los reforzadores tampoco.

El sistema de reforzamiento se basaba en el uso de una economía de fichas que, en realidad, era bastante bonita. El profesor seleccionaba una actividad como reforzador. Se había recortado en piezas una foto de la actividad y la economía de fichas consistía en hacer este puzle. Las piezas se iban ganando y, cuando se terminaba el puzle, se ganaba la actividad.

Sin embargo, un problema que observé fue que Lorena nunca parecía participar realmente en las actividades que se ganaba. La maestra dijo entonces una de esas frases que se repiten a menudo y que me hacen querer olvidar mi compromiso con la razón y la ciencia, como forma de resolver los problemas y volver a una respuesta más física.

"¡Ya ves, no responde al reforzamiento!"

Pasa a la página 147 para ver una explicación de por qué la economía de fichas de Lorena no fue efectiva.

ESTUDIO DE CASO 16:

Guillermo sale corriendo de la habitación

Nuestro siguiente escenario clínico nos lleva a la zona de Búfalo, donde podemos saludar a la familia del periodista Tim Russert[3]. Si nunca has leído *"Big Russ y Me: Father and Son: Lessons of Life" ("El gran Russ y yo: Padre e hijo. Lecciones de vida")*, ponlo en la lista de lectura. Dejando a un lado la literatura y entrando en el colegio a través de un túnel, debido a que las puertas estaban bloqueadas por la nieve amontonada, casi tan alta como el edificio Chrysler, me presentaron a Guillermo y al personal que trabajaba con él.

Guillermo era un chico joven al que se le había diagnosticado de autismo y Trisomía 21. Aunque los miembros del personal estaban haciendo grandes esfuerzos para intentar aumentar su ritmo de adquisición de habilidades, su ritmo de progreso en las tareas académicas no era la cuestión del día. Los miembros del personal que trabajaban con Guillermo estaban especialmente preocupados por el hecho de que saliera corriendo del aula durante las horas de clase. Anteriormente, habían pedido ayuda al psicólogo del colegio, pero no habían conseguido que la conducta se redujera significativamente. Aunque tenía sus "días buenos", algunos días parecían una repetición constante del ciclo de trabajar en una tarea académica y después, perseguirle por el pasillo.

Secretamente, esperaba que hoy no fuera uno de los "días buenos". Aunque ciertamente nunca desearía una conducta inapropiada o una

---

3 *N. del E.:* Timothy John Russert (1950-2008) fue uno de los periodista y abogado más influyentes en Estados Unidos. Una de sus obras más conocidas es "Big Russ & Me: Father and Son: Lessons of Life", donde escribe sus memorias enfatizando la relación que mantuvo con su padre, un veterano de la Segunda Guerra Mundial. La obra no ha sido traducida al español.

situación estresante para nadie, necesitaba ver tantos ejemplos como pudiera, para hacerme una idea precisa de lo que estaba ocurriendo. Por suerte, hoy era un día en el que la conducta se mostraría repetidamente.

Guillermo realizó la conducta objetivo dos veces durante la primera clase. Tras cada aparición, el maestro aplicó el programa de modificación de conducta diseñado por el psicólogo del colegio. Cada vez que Guillermo salía corriendo del aula, el maestro le ofrecía su tablero de reforzadores y le preguntaba qué prefería estar haciendo. A continuación, se dirigían inmediatamente a la actividad que Guillermo había seleccionado. Después de varios ejemplos como este, me reuní con el psicólogo del colegio para hablar las cosas.

En la página 149 se explica por qué Guillermo se escapaba de la clase.

ESTUDIO DE CASO 17:

Jennifer está teniendo dificultades con los antónimos

Para nuestro siguiente ejercicio nos encontramos en Vermont, en la maravillosa ciudad de Burlington. Estamos aquí para visitar a Jenifer, que asiste a un colegio en el que me pidieron que formara al personal. Mientras estaba allí, me preguntaron si podía dar mi opinión sobre Jenifer, una joven estudiante con múltiples dificultades. Esperaban que yo pudiera averiguar por qué su programa de conceptos antónimos no iba tan bien como se esperaba. Me dijeron que Jenifer estaba aprendiendo a discriminar los objetos que son "largos" de los que son "cortos".

Jenifer se sentó de muy buena gana para su sesión, abrazando a su maestra y eligiendo lo que le gustaría ganar como reforzador. Para ser sincero, al observar la interacción entre la maestra y la alumna, dudé de que se necesitara un reforzador adicional muy potente. Parecía que los elogios de la maestra serían suficientemente reforzantes para casi cualquier tarea.

En primer lugar, me enseñaron el programa con los estímulos de entrenamiento originales. Jenifer había aprendido qué es largo y qués es corto utilizando una vara de medir de madera para "largo" y una pequeña regla de plástico para "corto". Los discriminó con una precisión del 100%. Sin embargo, para gran frustración de todos y de Jenifer sobre todo, fue incapaz de discriminar con éxito los elementos largos de los cortos con algo más que niveles de azar, cuando se cambiaron los estímulos de entrenamiento originales por otros elementos "largos" y "cortos" (por ejemplo, coches, figuras de plastilina, bloques, etc.). Su elección fue esencialmente aleatoria. Intenté averiguar las características de los objetos que elegía. No fue fácil, pero remitirse a los estímulos del entrenamiento inicial nos dio las pistas necesarias y pudimos corregir la dificultad y eliminar la frustración totalmente comprensible de Jenifer.

En la página 151 se explica por qué Jenifer tenía tantas dificultades con la discriminación.

ESTUDIO DE CASO 18:

Carlos se resiste a empezar una sesión

El siguiente estudio de caso nos lleva a una de las dificultades más comunes que preocupan a quienes trabajamos en programas a domicilio. Se trata de la cuestión de la infelicidad que puede recibir la llegada del profesional. Siempre es descorazonador llegar a un hogar, preparado para una sesión entretenida y productiva, haciendo todo lo posible por ser una persona divertida con la que pasar el rato y aprender y ser recibido con un ataque de llanto.

Este fue el caso cuando trabajé con Carlos. Carlos era un chico estupendo, un estudiante de tres años diagnosticado con un trastorno del espectro autista. En su mayor parte, adquirió habilidades con gran rapidez. La única área que planteaba una dificultad especial era la imitación verbal. Carlos se esforzaba por desarrollar este conjunto de habilidades.

Sin embargo, se había creado un mal ritual. Más o menos cada vez que llegaba a la casa, Carlos se ponía a llorar o a alborotar de alguna otra manera. Ajusté los programas y los reforzadores, intentando averiguar por qué la enseñanza podía ser aversiva. Presté especial atención a los programas de imitación verbal, que parecían ser más difíciles para él. Sin embargo, ningún cambio parecía servir para eliminar lo aversivo de mi llegada.

Pedí a la familia que empezara a recoger algunos datos A-B-C (antecedente, conducta, consecuencia), para ver si podíamos obtener algo más de información. La familia registró lo que ocurría justo antes de mi llegada, a mi llegada y después de mi llegada. Se pidió a la familia que realizara esta tarea ya que, obviamente, los antecedentes estaban presentes antes de mi llegada. Aunque tenía la esperanza de poder observar objetivamente mi propia conducta y las consecuencias una vez que llegara, los antecedentes cruciales no podía conocerlos. Una vez que la familia comenzó a recopilar estos datos, la respuesta fue relativamente sencilla y directa. ¿Qué crees que podría haber estado ocurriendo justo antes de mi llegada y que podría haber influido en la conducta de Carlos?

Pasa a la página 153 para ver una explicación de por qué mi llegada estaba causando tantos problemas.

ESTUDIO DE CASO 19:

Reforzamiento no contingente: Un tono no azul que no es azul

El título de este capítulo ha sido robado de un comentario que me hizo Bill Ahearn, mientras tomaba una pinta en Irlanda del Norte. Excelente analista de conducta y un tipo genial. El comentario lo hizo mientras describía nuestro escenario actual. Una vez más, nos encontramos en el terreno de la constatación de que se puede "fallar por un pelo" y que, cuando se hace, pueden producirse estragos. Vamos a gritar "caos" y a seguir adelante.

Recordemos a Carlos, el estudiante del capítulo anterior que se desmoronaba al inicio de las sesiones. No es de extrañar que otra familia experimentara el mismo problema. En este caso, Ronaldo, diagnosticado de autismo, estaba evidentemente muy alterado cada vez que llegaba el momento de comenzar una sesión. Las llegadas del personal estaban marcadas por el llanto y la rabieta ocasional, lo que no era divertido para nadie.

El consultor anterior había dado consejos razonables a la familia. Los miembros del personal simplemente no reforzaban lo suficiente. Cuando llegaban, la diversión se acababa y todos se dedicaban a trabajar. Para que los estudiantes tengan ganas de pasar tiempo con ellos, el personal debe emparejarse con reforzadores. En ese momento, adquieren propiedades reforzantes (se convierten en un *reforzador condicionado*). Para lograrlo, se recomendó un periodo de reforzamiento no contingente.

Cada maestro dejaría a un lado el libro de programas durante un par de sesiones en las que no se exigiría nada, se limitarían a reforzar masivamente. Este reforzamiento se entregaría de forma no contingente, se presentaría una vez cada minuto independientemente de la conducta del estudiante, en consonancia con el pitido del clásico temporizador "friki de la conducta" que todos llevamos (un temporizador friki de la conducta, es todo de goma y tiene funciones de cuenta hacia adelante y hacia atrás, aunque debo señalar que algunos prefieren el término "friki de la acción" a "friki de la conducta"). Tras estas sesiones de emparejamiento, cada sesión regular de enseñanza comenzaría con unos minutos de reforzamiento no contingente. No se le exigiría nada y, simplemente, recibía el reforzador previsto independientemente de su conducta.

Sin embargo, pronto surgió un problema. El llanto y otras formas de conducta resistente habían disminuido, pero Ronaldo empezó a aletear y a saltar. Esto ocurría a un ritmo mucho más alto del que se había observado anteriormente, a niveles que resultaban muy perturbadores para la enseñanza.

En la página 154 se explica por qué aumentaban los saltos y aleteos de Ronaldo.

ESTUDIO DE CASO 20:

La economía de fichas no estaba funcionando

Nuestra siguiente escena nos lleva al magnífico estado de Colorado y a toda la belleza natural que alberga. Sin embargo, no estamos de excursión. Estamos aquí para ver si podemos impulsar el progreso académico y conductual de Álvaro. Conductas como el golpear iban en aumento y el progreso académico se había ralentizado.

Álvaro estaba participando en un programa en el hogar, uno muy bien diseñado. La programación era intensiva y estaba avanzando de forma excelente. El personal estaba muy bien formado y todos los miembros de la familia estaban al día sobre los pasos de la programación que se estaba llevando a cabo.

El aumento de los golpes había animado al responsable de la programación a sugerir que pusieran en marcha un programa de RDO. Por cada periodo de diez minutos en el que no se diese ninguna agresión de este tipo, se añadiría una letra a su tablero de fichas. Cuando Álvaro montase la frase "me gané el ordenador", podría ir a utilizar el ordenador durante diez minutos. El fracaso del programa fue algo misterioso. Álvaro ya había utilizado la economía de fichas en el pasado y había sido un sistema eficaz para mantener la motivación al pasar de los reforzadores primarios a los condicionados y luego a los generalizados. La actividad que se escogió como reforzador tampoco parecía ser el problema. Todos estuvieron de acuerdo en que Álvaro encontraba el ordenador como una actividad reforzante. Se había utilizado en el pasado. Álvaro pasaba felizmente el tiempo en el ordenador cuando no estaba en sesión. Sin embargo, hasta la fecha, el programa de RDO dentro de la sesión no había sido notablemente eficaz para reducir la conducta problema. Los golpes seguían produciéndose y esto interfería obviamente en el proceso de aprendizaje.

En la página 156 se explica por qué la economía de fichas no estaba funcionando.

ESTUDIO DE CASO 21:

Alfredo no obedece

Comienza la secuencia de flashback, la pantalla se vuelve ondulada y la música se vuelve un poco... bueno, tecno. Nos encontramos de nuevo en los últimos años de la década de los ochenta. Una mujer con un pelo espeluznante y unas botas igualmente inquietantes, se queja de que un estudiante de su clase está siendo desobediente en general; por ejemplo, se tira al suelo y se niega a levantarse.

Lo que resultaba verdaderamente exasperante para la mujer de gran melena, era que Alfredo obedecía mucho más cuando las peticiones las hacían otras personas, incluido yo mismo. Yo participaba en un programa de ocio al que asistía Alfredo. Hacía bastante tiempo que no le veía realizar ninguna conducta de este tipo en nuestro entorno extraescolar. Eso no quiere decir que no haya tenido este tipo de conductas en el pasado, pero no había visto recientemente nada como lo que observé al verle con su maestra.

Mientras se preparaba, le pregunté sobre el manejo de la conducta en la clase. Se apresuró a señalarme que no "creía" en el reforzamiento. Dar reforzadores, me dijo, reduciría el hecho de que el estudiante simplemente realizara la conducta porque se le pedía. ¿Íbamos a seguir lanzándole caramelos durante el resto de su vida? Debía seguir las instrucciones porque simplemente debía hacerlo. En esos momentos, me viene la frase: "¿qué tal te ha ido?". Como escribí en un trabajo anterior, probablemente no debería fumar todos los puros que produce Honduras, ni beber cada gota de bourbon que se produce en Kentucky. Mi hijo David y yo, probablemente, no deberíamos salir a navegar hasta mucho después de que se ponga el sol, cuando los icebergs están flotando mar adentro en el Atlántico. A sus cinco años, es casi seguro que no debiera ir a ver la lucha profesional en el Madison Square Garden hasta pasada la medianoche entre semana, viendo e imitando a Rob van Dam y Carlito, por no hablar de DX. Sin embargo, así son las cosas y parece que son reforzantes. Y parece que mi hijo está saliendo bastante bien a pesar de mí, así que, probablemente, no deberíamos discutir las cosas solo en términos de "debería".

Pasa a la página 158 para ver una explicación de por qué la conducta de Alfredo es diferente con esta maestra en particular.

ESTUDIO DE CASO 22:

Insultar la inteligencia del Dr. Newman y la falta de atención a los estudiantes

Si queremos "cuantificar" el concepto, no tengo mucha inteligencia. Sin embargo, no me gusta que insulten la poca que tengo. Lo que sigue a continuación es un ejemplo de cómo insultar la inteligencia de alguien, si se tiene el deseo de hacerlo.

El escenario de nuestro desaire es una consultoría para un programa. Me pidieron que viniera a examinar los datos de un programa escolar. Pedí al personal que reuniera sus libros de programación y que me proporcionara algunos vídeos de sesiones de enseñanza. El acuerdo consistía en que yo elegiría algunos libros al azar para complementar los que ellos eligieran y en presentarme sin previo aviso para observar alguna sesión in vivo (en directo).

Mi sentido arácnido empezó a cosquillear cuando miré los libros de los programas. Lo que me llamó inmediatamente la atención fue que todos los datos de los estudiantes, se habían recogido, de forma obvia, con el mismo bolígrafo. Y lo habían hecho durante varias semanas o meses. Por culpa de una logopeda en particular con la que trabajé una vez muy estrechamente, me volví muy consciente de cuánto tiempo somos capaces de mantener un bolígrafo en particular. Ella, para ser franco, era una ladrona de bolígrafos impenitente. Afirmaba que lo hacía inconscientemente y no tengo motivos para dudar de esa afirmación. No obstante, cuando estaba cerca podías estar seguro de que tu bolígrafo desaparecía. Se necesitaba un bolígrafo nuevo y en las hojas de datos aparecía un tono de tinta o un ancho de punta ligeramente diferente. Incluso las impresiones que hacían los bolígrafos diferían. Llegué a ser muy consciente de esas diferencias gracias a mi amiga, amante de lo ajeno.

Volviendo a nuestra auditoría actual, uno de los libros de programas que elegí al azar pertenecería a alguien a quien pensaba observar sin previo aviso. Tendría la oportunidad de averiguar, primero, en qué punto se encontraba su programación a través de los datos y de observar después los programas de enseñanza en la vida real. Tenía previsto hacer esto mismo con otros estudiantes.

En el libro de programas de este estudiante, observé una serie de análisis de tareas muy bonitos. Un análisis de tareas es un listado por escrito de todos los pasos que hay que realizar para completar una conducta determinada (por ejemplo, ponerse una camisa o jugar a un juego). Todos ellos se encontraban en su estado original, al estar copiados de las páginas de un libro de texto y la mayoría, mostraban el progreso hacia los objetivos propuestos. Este progreso, sin embargo, no era uniforme. Algunos programas llevaban meses de progreso lento o absolutamente nulo.

Revisé el libro con una mirada cada vez más suspicaz. Tal vez no sea sorprendente que el rendimiento que observé en las sesiones que presencié, no se correspondiera con el reflejado en las hojas de datos. El personal lo achacó a que el estudiante se había puesto nervioso por mi presencia. No pudieron explicar su incapacidad cuando les pedí que grabaran en vídeo una sesión unos días más tarde, cuando yo no estaba en el aula y estaban dando clase en condiciones típicas. Me sentí como Al Pacino en *El Padrino* cuando señalaba que lo que otra persona estaba haciendo era un insulto a su inteligencia y le hacía enfadar.

Pasa a la página 160 para ver una explicación de cómo se estaba insultando mi inteligencia y por qué se estaba engañando al estudiante en cuestión.

ESTUDIO DE CASO 23:

Armando no quiere ir al colegio

Me pidieron que fuera a visitar a Armando, un chico joven al que se le había diagnosticado una depresión infantil de base biológica. Esta depresión era evidente por los síntomas comunes de problemas de alimentación y sueño, una sensación de anhedonia general (no sentir placer por las actividades) y un ataque de llanto todos los días cuando llegaba el autobús para llevarle al colegio.

Esta depresión infantil es más común de lo que mucha gente se cree. Lo que resulta irónico, es que la depresión adulta suele caracterizarse por un "abandono" de las actividades. La apariencia y el trabajo pueden verse alterados, por ejemplo. Sin embargo, es posible que a los niños no se les permita esa conducta. A un niño que intenta evitar el colegio, se le lleva de todas formas. A pocos adultos se les "pondría simplemente en el autobús", como se hacía con Armando, de siete años. Sin embargo, cuando empecé a visitarle, me pregunté si la depresión podría ser más específica de la situación de lo que había creído la persona que le dio el diagnóstico. La investigación reveló que los viernes por la tarde, en las vacaciones escolares y durante las enfermedades, se producía "un desvanecimiento temporal" de los síntomas depresivos. Esta observación no apoyaba la hipótesis de la depresión de base biológica.

Armando era un niño tímido, descrito como brillante pero introvertido, que no hacía amigos fácilmente. No estaba muy interesado en los deportes, prefería el arte y era un lector precoz. Sus hermanos lo describían como alguien con quien era fácil llevarse bien, alguien que nunca causaba problemas a los demás. Se llevaba bien con sus hermanos, pero sus padres dijeron que sólo tenía uno o dos compañeros fuera de la familia a los que consideraba sus amigos.

Me dispuse a visitar su colegio. Aunque era un colegio pequeño y religioso, no era clasista. Asistían estudiantes de diversos orígenes debido a su reputación académicamente excelente.

Me senté en la clase de Armando y observé a la maestra del aula, a la que llamaré Dame van Winkle[4] por razones que serán obvias más adelante, si se conoce la obra de Washington Irving. Estaba cerca de la jubilación, alguien que había estado enseñando durante muchos años y se la consideraba como uno de los pilares del profesorado. No parecía contenta de tenerme en la clase para observar y me ignoró educadamente (aunque con cierta frialdad). En nuestras conversaciones previas a mi visita, hizo hincapié en mencionar repetidamente sus años de experiencia.

Armando parecía ser popular entre sus compañeros, que le saludaban a su llegada a la escuela. No se apreciaba ningún signo de acoso o cualquier otro tipo de malestar por parte de los estudiantes. Se sentaba tranquilamente en su pupitre y parecía ser capaz de realizar las tareas que se le asignaban. Sin embargo, en un momento dado, se mostró claramente dubitativo cuando su profesora le pidió que leyera un fragmento del libro de texto. A pesar de que tenía la capacidad de leer, parecía claramente incómodo. Sin embargo, se levantó para leer, lentamente, en voz baja y con dificultad.

La señora van Winkle gritó a la clase: "¡No le oigo! ¿Podéis oírle, clase?».

Armando se puso más nervioso. Avanzaba a trompicones y claramente se iba alterando más a medida que leía. Su maestra tuvo que ayudarle varias veces durante la lectura para que hablara con más claridad y en voz alta.

La siguiente hora era la del almuerzo y Armando pidió ver a la enfermera. No se sentía bien y quería irse a casa.

Tengo que confesar que no le culpé. Yo también quería irme a casa.

Pasa a la página 162 para ver la explicación de por qué Armando quería irse a casa. Apuesto a que nadie necesita ayuda con esto.

---

4 *N. del E.:* Washington Irving publicó en 1819 "Rip van Winkle", considerado el primer cuento de la literatura norteamericana. Está ambientado en los días previos a la Guerra de Independencia de los Estados Unidos y narra la historia de un aldeano de ascendencia holandesa que escapa de su esposa (Dame van Winkle), que lo regañaba continuamente, encontrando en el bosque la paz y tranquilidad anhelada.

ESTUDIO DE CASO 24:

Simón "no está progresando" en el entrenamiento para ir al baño

A veces la vida simplemente ocurre. No sé cómo sucedió, pero me encontré haciendo un gran entrenamiento para ir al baño. Me pidieron que visitara la casa de Simón para hacer el seguimiento de un entrenamiento para ir al baño que no estaba saliendo como el personal y la familia esperaban.

Simón, me razonaron, estaba listo para comenzar el entrenamiento para ir al baño. Era un estudiante de cuatro años al que se le había diagnosticado autismo. Había empezado a tener conductas que la gente suele interpretar como que está preparado para entrenar la habilidad de ir al baño. Así, por ejemplo, le indicaba a sus padres cuando su pañal estaba sucio.

El entrenamiento había comenzado. Llevaban a Simón al baño cada 30 minutos religiosamente. El niño iba de buen grado y se sentaba cómodamente en el retrete. Si eliminaba en el retrete, tenían reforzadores súper especiales que habían guardado para la ocasión. Sin embargo, a pesar de esta aparente voluntad por parte de Simón y a pesar de sus constantes esfuerzos, simplemente "no lo conseguía". Hacía sus necesidades en el pañal y parecía que no estaba contento con la situación.

Ve a la página 164 para ver una explicación de por qué Simón "no entendía" la idea de ir al baño de forma adecuada.

ESTUDIO DE CASO 25:

Regla equivocada: "¡Aquí no usamos tiempo fuera!"

Tammy Hammond Natof

Era el primer día en su nuevo trabajo. Pamela miró nerviosa a los demás empleados que asistían al entrenamiento obligatorio de orientación. "NO utilizamos el tiempo fuera en ninguno de nuestros programas", recalcó el entrenador de orientación. "El tiempo fuera se considera un abuso", continuó. "Esto se debe a que no queremos aislar a los estudiantes del resto del grupo en función de su conducta. En lugar de ello, nos sentamos con ellos, tratamos de tranquilizarlos y calmarlos y luego los animamos a reincorporarse a la actividad lo antes posible".

Pamela estaba desconcertada. El entrenador de orientación rechazó su intento de definir el tiempo fuera como la eliminación del reforzador que está manteniendo la conducta, para disminuir la probabilidad de que esa conducta se repita en el futuro. "El tiempo fuera no es aislamiento", pensó.

Dos semanas después, los estudiantes del aula de Pamela parecían estar adaptándose bien al nuevo curso escolar. A Samuel, un niño de siete años con parálisis cerebral, le encantaba participar en el juego "Simón dice" durante la sesión en grupo de habilidades sociales. Al comienzo del juego, Samuel lloró y mordió a otro estudiante al que se seleccionó para dirigir el juego como "Simón". Pamela se quedó helada, sus pensamientos volvieron a ese primer día de orientación.

Pasa a la página 166 para ver si Pamela debería utilizar un tiempo fuera como consecuencia de la conducta agresiva de Samuel.

ESTUDIO DE CASO 26:

Miguel tiene dificultades con el control de esfínteres

Miguel era un estudiante diagnosticado con autismo y discapacidad intelectual moderada. Vivía en una residencia que estaba unida a un colegio supervisado por la misma agencia. Durante esta observación en particular, se vio a Miguel principalmente en su dormitorio. Era justo después de la jornada escolar y estaba "pasando el rato" y viendo uno de sus vídeos favoritos, repetidamente, con su maestro de apoyo individualizado.

Se describió a Miguel como inconsistente en su aseo y se observó que no parecía importarle mucho estar mojado o manchado con sus heces. Cuando se ensuciaba, se le daba a menudo un baño de espuma. El personal informó de que tampoco parecía importarle los baños y, de hecho, a menudo parecía disfrutarlos mucho. No se le había ayudado a desarrollar ningún tipo de sistema de comunicación formalizado, por lo que el personal tenía que hacer muchas conjeturas para intentar averiguar las necesidades o deseos de Miguel en un momento dado.

En esta ocasión concretamente, durante una de las muchas emisiones del vídeo, Miguel tuvo un gran accidente con el control de las heces. Su maestro le ayudó a recoger lo que necesitaría para cambiarse de ropa y tomar su baño de espuma. Los dos comenzaron a caminar por el pasillo. Miguel parecía estar de muy buen humor.

Sin embargo, este buen ánimo cambió cuando llegaron al baño. Otro residente ya estaba en la bañera. Por suerte, había otro baño disponible en el otro extremo de la residencia. Su maestro le informó alegremente de que la bañera estaba ocupada, pero que podían ducharse en el otro cuarto de baño.

Miguel siguió a su maestro, pero se golpeó bruscamente la cabeza a lo largo del pasillo a cada metro que recorrían. Cuando llegaron al otro baño, Miguel estaba gritando y saltando.

Pasa a la página 167 para interpretar por qué la tarea del aseo puede parecer contradictoria. Para obtener puntos extra, ¿por qué crees que Miguel se estuvo autolesionando por el camino?

ESTUDIO DE CASO 27:

Los tics de Jana no responden al tratamiento

Nuestro siguiente estudio de caso nos lleva al maravilloso estado de Massachusetts, cuna de la libertad americana. Más concretamente, visitaremos Boston, curiosamente pronunciada "Bahston" por sus habitantes.

Visitamos Boston para ver a Jana, una joven diagnosticada dentro del espectro autista. Jana había estado inscrita en un programa dirigido por el autor hace muchos años y, recientemente, había empezado a presentar una conducta que era nueva y desconcertante: Jana estaba teniendo unos tics muy pronunciados.

Los tics eran de naturaleza tanto vocal como motora. Emitía chillidos agudos, así como gruñidos más guturales. Ambos tenían un volumen que podía oírse en todo el aula. Además, los movimientos físicos incluían movimientos bruscos de los hombros, así como movimientos espasmódicos de las manos.

Todos los miembros del programa de Jana estaban de acuerdo en que tenía los tics. Se habían realizado análisis funcionales muy detallados y meticulosos en un intento de determinar si había alguna razón ambiental para la nueva conducta. Parecía que no la había y se realizó una visita al neurólogo. El neurólogo sugirió que los tics se debían a un trastorno de tics similar al de Tourette y sugirió medicamentos que podrían ser útiles para controlarlos.

Aquí fue donde surgió el problema y por lo que la familia solicitó que realizara una visita in situ y me pusiera al día con ellos. Al parecer, Jana estaba ahora inscrita en un programa que tenía una política de "no se utilizará ninguna medicación para el control de la conducta", y el programa se oponía a la medicación para el control de los tics prescrita por el neurólogo. Me trajeron para que evaluara la situación y aportara una segunda opinión.

Tras una cuidadosa revisión de las cintas de vídeo del extenso análisis funcional, tampoco pude determinar ninguna función ambiental para los tics. Aunque en general estaba de acuerdo con la política del programa de evitar el uso exclusivo de medicamentos para el control de la conducta, tuve que discrepar en este caso. En contraste con el programa, abogué por el uso de la medicación para el "control de la conducta" en esta ocasión.

Pasa a la página 169 para ver una interpretación de los diferentes usos de la medicación para el "control de la conducta".

ESTUDIO DE CASO 28:

Leonardo es incapaz de realizar una ficha de trabajo

Nuestra siguiente visita nos lleva de vuelta a casa, a las familiares calles de Brooklyn, Nueva York. Volvemos donde todo empezó para mí, los colegios públicos de la ciudad de Nueva York.

A Leonardo le diagnosticaron un trastorno por déficit de atención e hiperactividad (TDAH). Este diagnóstico se le había realizado cuando estaba en tercero, después de haber tenido una conducta muy difícil durante los dos años anteriores, en primero y segundo. Estas dificultades habían hecho que Leonardo se quedase atrás en sus habilidades académicas y que estuviesen intentando recuperar y alcanzar el nivel académico que tenían sus compañeros. Como era de esperar, la frustración para Leonardo era alta y a menudo, también para su maestro.

Un área particular de dificultad para Leonardo era completar las fichas de trabajo. Cuando le daban una ficha de matemáticas con varios ejemplos, Leonardo realizaba el primer ejemplo y luego parecía quedarse mirando al espacio. Había que recordarle constantemente que volviera a la tarea y que completara la ficha. Esta conducta se interpretó como sintomática y una prueba más de su diagnóstico de TDAH.

Esta conducta fue una de las varias que se me pidió que abordara en mi consultoría con él. Para evaluar el nivel actual de habilidades de Leonardo, observé sus interacciones con su maestra. La maestra era excelente, avanzaba a través de ejemplos matemáticos sencillos de una manera muy sistemática. No cabía duda de que Leonardo era capaz de realizar las operaciones matemáticas que se le pedían. ¿Por qué, entonces, era incapaz de completar una ficha de trabajo? Fue necesario investigar más a fondo y volver al pensamiento conductual básico para resolver esta aparente paradoja.

Pasa a la página 171 para ver una explicación de las razones por las que Leonardo era incapaz de completar las fichas de trabajo.

ESTUDIO DE CASO 29:

Los escupitajos de Eric no están disminuyendo

Nuestro siguiente estudio de caso nos lleva a Nueva Jersey y a otra confirmación del concepto básico de que, el hecho de que algo sea sencillo no significa que sea fácil. También vemos de nuevo como la ignorancia puede ser algo peligroso. Perdón por los tópicos. Conozcamos a Eric.

Eric era un niño de preescolar diagnosticado con autismo. Dominaba las habilidades a un ritmo rápido, pero el personal consideraba que era, en general, desagradable enseñarle. Al parecer, tenía una gran cantidad de conductas que el personal calificaba de "repugnantes". La principal de ellas era expectorar (escupir). Afortunadamente, los escupitajos iban dirigidos a la mesa y no al individuo que intentaba enseñarle.

El personal fue inconsistente en su reacción a los escupitajos. A veces, intentaban ignorarlos por completo, como una parte del plan de extinción. En otras ocasiones mostraban una reacción de exasperación y los limpiaban. En otras ocasiones, le aplicaron un tiempo fuera exclusivo: después de cada escupitajo tenía que dejar de trabajar e ir a sentarse en una silla al fondo de la clase durante 30 segundos. Por último, en otras ocasiones se aplicaba una versión de un plan de sobrecorrección: se le exigía que se limpiara la saliva que había escupido, así como la zona circundante. Al parecer, el personal consideraba que si un tratamiento podía ser eficaz, usar cuatro tratamientos diferentes sería mucho más eficaz.

Pasé todo el tiempo del mundo revisando los datos. Como no había un enfoque sistemático, no había líneas de separación de fases en los gráficos que permitieran comparar la eficacia de los distintos tratamientos, por lo que no se podía determinar la función. La revisión de los datos revelaba que el tratamiento multicomponente, tal como estaba, no era eficaz para reducir la conducta de escupir.

En la página 173 se explican las razones por las que Eric seguía escupiendo.

ESTUDIO DE CASO 30:

Gavino no puede tactar sus propios estados emocionales

Vamos a cruzar la frontera hacia Canadá, con grandes retrasos y muchas discusiones con los agentes de control fronterizo sobre el TLCAN (Tratado de Libre Comercio de América del Norte), y el estatus profesional. Estamos aquí para hacer una consultoría a un programa de casa en un lugar escabrosamente bello llamado Thunder Bay. Aquí conoceremos a Gavino.

Gavino está diagnosticado con un trastorno generalizado del desarrollo no especificado (TGD-NE). Asiste a un programa escolar que no podríamos describir como intensivo, en términos de abordar sus necesidades de control de la conducta ni de adquisición de habilidades. Para suplir esta carencia, los padres de Gavino han trabajado con gran diligencia para reunir un equipo y proporcionarle una instrucción más intensiva en casa. Me llamaron para dar mi opinión como experto, ayudar a poner las cosas en orden y ver si podía proponer soluciones a los diversos puntos de fricción en el proceso.

La madre de Gavino, Patricia, se había esforzado mucho asistiendo a conferencias y leyendo libros, con el fin de formarse para llevar a cabo ella misma este servicio. En realidad, había hecho un trabajo fabuloso al hacerlo. Era muy frustrante para ella cuando determinados programas parecían no ir a ninguna parte y no podía entender el por qué. Le aseguré que todos tenemos esta dificultad, e incluso los más experimentados de entre nosotros debemos buscar una segunda opinión en muchas ocasiones, para asegurarnos de que se hace todo lo que se puede hacer.

El programa que nos ocupará por el momento es el de "tactar estados emocionales". Gavino, sencillamente, era incapaz de hacerlo. Durante uno de mis periodos de observación, Gavino tuvo una enorme hemorragia nasal. Mientras su madre le ayudaba con esto, le preguntó cómo se sentía. A pesar de parecer bastante alterado, llorando y temblando, respondió: "estoy bien". Esta fue su respuesta, independientemente de la situación.

Esta incapacidad para etiquetar estados emocionales no se debía a la falta de esfuerzo. Se había llevado a cabo un programa de tactos en el que se le enseñó a nombrar estados emocionales en dibujos e imágenes. Se le había enseñado a responder expresivamente a preguntas como "¿cómo te sientes cuando...?". A pesar de ser capaz de realizar ambos programas con fluidez, Gavino seguía siendo incapaz de tactar sus propios estados emocionales.

Pasa a la página 175 para ver una explicación de las razones por las que Gavino era incapaz de tactar sus propios estados emocionales.

ESTUDIO DE CASO 31:

Mara "no tiene capacidad de atención"

De vuelta del Gran Norte Blanco, nos encontramos en la costa sur de Long Island. Uno de los distritos escolares públicos ha dado el importante paso de crear sus propios programas dentro del distrito para los niños diagnosticados dentro del espectro autista. Al dar este paso tan importante, muchos menos estudiantes han tenido que separarse de sus compañeros e ir a colegios lejanos con pocos niños de sus propios barrios, por no hablar de los muchos beneficios de estar dentro del entorno escolar general.

Sin embargo, el programa piloto no ha estado exento de dificultades. El personal que fue seleccionado para el programa contaba con las certificaciones necesarias, pero carecía desesperadamente de la experiencia y el entrenamiento requeridos. Por ello, los estudiantes presentaban un gran número de conductas problemáticas que competían con el proceso de aprendizaje. Los maestros y el personal de apoyo se sentían frustrados y se preguntaban si los estudiantes "encajaban" en el programa. Me trajeron para intentar proporcionar algo de entrenamiento adicional al personal y para ver si podía ayudar con algunos de los problemas de conducta más difíciles.

Una de las alumnas que estaba "dando guerra al personal" (por usar su expresión), era Mara. El personal la describió como extremadamente difícil de enseñar. Una dificultad particular que se observó fue su capacidad atencional. El personal comentaba si el diagnóstico de Mara de trastorno del espectro autista, debería haberse complementado con un diagnóstico de trastorno por déficit de atención. Informaron que era muy frustrante intentar conseguir que Mara se concentrara en una actividad concreta. La ejecución de sus programas se describió como una serie de interminables ayudas para que Mara atendiera, que era capaz de centrarse en sus tareas de aprendizaje durante menos de un minuto y como una lucha constante para conseguir que prestara atención a la persona que intentaba enseñarle.

El patrón descrito por el personal se confirmó en mis primeras sesiones de observación. Curiosamente, Mara no parecía tener dificultades de atención en todos los ámbitos. Podía atender en la clase de música, en la de gimnasia (educación física) y en la de informática durante toda la hora. Como experimento, pedí al personal que alargara estas actividades más allá de su duración habitual. No importaba lo largas que fueran estas actividades, Mara prestaba atención continuamente mientras la actividad persistiera.

Al hacerme cargo de la consultoría de esta clase en particular, instauré un programa en el que se pedía a los padres que acudieran a la clase una o dos horas a la semana, para observar el funcionamiento de la clase y recibir algo de entrenamiento práctico. De este modo, esperábamos recoger información de casa sobre lo que funcionaba especialmente bien y compartir información del colegio que ayudara a generalizar la programación en casa. La madre de Mara aprovechó al máximo este programa y fue una participante activa. Estuvo de acuerdo en que Mara tenía problemas de atención, con la excepción de las actividades en las que realmente disfrutaba. Informó de que podía sentarse a jugar en el ordenador o ver sus vídeos favoritos durante todas las horas que se le permitieran.

Pasa a la página 177 para ver una explicación del método con el que ayudamos a Mara a "aumentar su capacidad atencional".

ESTUDIO DE CASO 32:

Jesica canta y se queja

Mary Ann Klein

Jesica era una niña de 9 años a la que se le había diagnosticado un trastorno del espectro autista. Asistía al colegio público de su barrio, en una clase autónoma con oportunidades de integración cuando se consideraba apropiado. Jesica también tenía un programa en casa que acompañaba al programa escolar. Yo dirigí ese programa en casa. Fue uno de mis primeros casos en casa, antes de aceptar un trabajo como maestra de escuela.

El plan de conducta de Jesica se diseñó para abordar su constante y ruidoso cantar. Instauré un RDO de cinco minutos, siendo la conducta objetivo el "silencio" (hablar en un volumen apropiado y ser relevante para la conversación que se estaba llevando a cabo, evitando el canto no contextualizado). Si el temporizador se apagaba y Jesica no había cantado de forma descontextualizada, se le daba una ficha. Después de un número predeterminado de fichas, Jesica podía elegir un reforzador. Si dentro del intervalo cantaba de forma descontextualizada, el temporizador se reiniciaba.

El plan funcionaba estupendamente y la frecuencia del canto había disminuido drásticamente en casa. El equipo del colegio informó también de que su canto había disminuido. Además, informaron de que tuvieron que cambiar el plan "un poco" para adaptarlo a sus necesidades. Como Jesica ya estaba preparada para ir a la clase regular con sus compañeros de desarrollo típico, se temía que el temporizador y las fichas fueran demasiado evidentes y la hicieran parecer diferente. Se utilizó un temporizador de bolsillo con vibración y uno digital en la muñeca de su maestro de apoyo individualizado para mantener el RDO.

Al cabo de varias semanas el canto seguía siendo relativamente bajo dentro del programa de casa, pero la necesidad de reiniciar el temporizador de vez en cuando daba lugar a quejas. La queja comenzó con llantos de bajo volumen y verbalizaciones. Continué con el RDO mientras instruía a todos para que ignoraran la conducta de queja y para que, simplemente, pusieran el temporizador en marcha de nuevo cuando la queja hubiese terminado. En pocos días, esta conducta habían escalado a una secuencia memorizada. Primero eran los llantos y las quejas, luego los gritos, después tiraba y empujaba muebles y, finalmente, las tres conductas al mismo tiempo durante largos periodos de tiempo. Esta conducta estaba interfiriendo con las actividades en la comunidad que formaban parte del programa de casa. El canto seguía teniendo una frecuencia inferior a la de la líneabase, pero la acción de poner en marcha el temporizador conducía siempre a la misma secuencia conductual. El equipo del colegio informó de que no observaba ninguna de estas conductas, por lo que continuó siguiendo el plan como hasta entonces.

Pasa a la página 179 para ver una explicación de por qué Jesica protestaba en el programa de casa, pero no en el del colegio.

ESTUDIO DE CASO 33:

Ramón no puede discriminar un juego de té

Nuestro siguiente estudio de caso pone a prueba los límites de nuestra dedicación a los principios científicos. La falta de entrenamiento puede solucionarse mediante el entrenamiento adicional. Una falta de formación, combinada con una arrogancia injusta por parte de algunos responsables de las agencias, le lleva a uno a preguntarse si hacer rebotar a dicho individuo contra todas las paredes de la casa podría ser una opción más fácil y quizá más eficaz que un laborioso proceso de entrenamiento.

Ramón era un niño de preescolar diagnosticado con autismo. El progreso estaba estancado en su programa en casa y sus padres informaron de que se ponía a llorar histéricamente cuando veía entrar a cualquier miembro del personal. El análisis de los datos y las observaciones de la conducta de Ramón cuando llegó el personal, corroboraron la veracidad de las observaciones de sus padres.

Mirando los gráficos del libro de Ramón, había habido algunos progresos anteriores. Los últimos cuatro meses, sin embargo, había una serie de "ceros" o casi ceros en casi todos los programas. Lloraba a la llegada del personal y a lo largo de toda la sesión.

Durante mi observación inicial, el supervisor de la agencia de intervención acompañó al maestro a la sesión. El supervisor y yo nos sentamos en otra sala y observamos a través de una cámara de circuito cerrado. Más de la mitad de la sesión se dedicó a un programa de discriminación receptiva de objetos que se centraba en que Ramón fuera capaz de identificar un juego de té cuando se lo pidieran.

Me volví hacia el supervisor y le pregunté mi versión más profesional de "¿qué narices es esto?" ¿Por qué se dedicaba más de una hora de la sesión de dos horas a la discriminación de ese objeto? Y, sobre todo, ¿Por qué se había trabajado de la misma manera durante meses, sin ningún éxito aparente?

El supervisor me miró como si tuviera ocho cabezas y, de forma bastante despectiva, me dijo: "¿No sabe usted que, una vez que empezamos con el programa, tenemos que terminarlo? Si no, aprenderá a evitar trabajar". Cuando le sugerí diferentes formas de trabajar esta dificultad, en vez de taladrar al niño continuamente, con el mismo paso y de la misma manera (por ejemplo, introduciendo ayudas visuales), me espetó enfadado: "¡Eso no es ABA!" (Más tarde me enteré de que había empezado a decir a las familias que yo defendía el "ABA dietético").

Hice lo mejor que pude para explicarle y citar algunas publicaciones sobre estrategias de ayuda y desvanecimiento de ayudas. Fue como intentar discutir con un Borg. La resistencia era inútil. Iba a ser asimilado.

Pasa a la página 181 para ver una interpretación de este problema, así como lo que tuvimos que hacer para solucionarlo.

ESTUDIO DE CASO 34:

Ropa de manga larga contra los cariños de un estudiante

Dana R. Reinecke

Francisco era un estudiante no verbal adorable que, incluso en preescolar, probablemente podía levantar en peso a la mayoría de sus maestros. Era un niño más grande que la media. Tenía un diagnóstico tentativo de autismo, pero también se sabía que sus niveles de plomo eran escandalosa y peligrosamente altos. Sus maestros se esforzaban a diario por enseñarle a utilizar un sistema de comunicación aumentativo, a alimentarse y a jugar con juguetes. Siempre estaba dispuesto a aprender, pero los programas de ensayos discretos para la discriminación de objetos, de colores y el emparejamiento eran lentos. El lento ritmo de aprendizaje de Francisco habría frustrado a un santo, pero miraba con tanta confianza a sus maestros con sus ojos de chocolate, e intentaba una y otra vez seguir sus instrucciones, que era imposible no quererle.

Excepto, claro está, por las veces que parecía intentar hacerles daño.

Francisco mostraba episodios extremos y severos de agresividad casi a diario. Cabizbajo, arremetía contra el adulto más cercano. Les tiraba del pelo, les daba bofetadas, puñetazos, patadas y cabezazos. Lo peor, sin embargo, eran los arañazos: arañaba cualquier piel expuesta con las uñas, casi siempre hasta hacer sangre. Hubo momentos en los que todos los profesores de la sala presentaban arañazos con sangre casi idénticos desde los codos hasta las muñecas. Intentaban mantener los brazos cubiertos pero, a menudo, Francisco les pillaba con las mangas subidas a causa del caluroso verano.

El personal recogió obedientemente los datos A-B-C mientras capeaban las tormentas de Francisco. Los datos no identificaron ningún patrón de antecedentes, los sucesos parecían ocurrir en cualquier momento. En cuanto a las consecuencias, el personal intentó seguir la regla de oro de no cambiar nada siempre que se produjera la conducta agresiva y no le permitían escapar de las tareas ni le proporcionaba atención adicional. Sin embargo, al final, cada episodio terminaba con el personal sujetándole físicamente. Cruzaban los brazos de Francisco sobre su pecho, mientras un miembro del personal le sujetaba las muñecas por detrás contra sus caderas. Con frecuencia, acababan sentados en el suelo con Francisco en el regazo o sentado frente a ellos, con los brazos cruzados sobre el cuerpo, hasta que se calmaba y estaba listo para que le liberaran. Por lo general, se encontraba bien cuando le soltaban y volvía de buen grado a la actividad original, sin llevarse la peor parte de la experiencia. El personal, en cambio, solía salir de estos episodios tembloroso, sudoroso y triste. A nadie le gusta sujetar a un niño y las experiencias eran extremadamente agotadoras desde el punto de vista físico, debido al tamaño y la fuerza de Francisco.

¿Por qué tenía Francisco estos episodios extremos de agresividad y qué podía hacer el personal al respecto, además de llevar ropa de manga larga de kevlar?

Pasa a la página 183 para ver el final feliz.

ESTUDIO DE CASO 35:

Haz una pregunta tipo "sí/no" y obtendrás...

Nuestra siguiente visita nos martillea vívidamente con la triste realidad de que, a menudo, nos encontramos en situaciones en las que Dios ha golpeado a muchas personas en la cabeza, sin culpa alguna, con el "palo del inexperto". La inexperiencia no es un problema hasta que la falta de entrenamiento le causa un daño a alguien diagnosticado con un trastorno del espectro autista. En muchos casos, la gente ni siquiera reconoce que hay un problema. Esto es, por supuesto, también un problema.

Para ilustrar este punto nos encontramos en Vermont, entre los encantadores árboles de arce. Nos vamos a un centro de preescolar que sirve de entorno principal para un niño diagnosticado de autismo. Gabriel ha progresado rápidamente en su programación en casa y está empezando a asistir a un grupo de enseñanza y juego de niños con desarrollo típico, para practicar el lenguaje y las habilidades sociales que ha estado aprendiendo. Estoy allí para intentar detectar cualquier dificultad y facilitar su transición.

A Gabriel le va muy bien en la escuela y hoy es el ayudante de la merienda. Está a cargo de las servilletas y hace un trabajo estupendo. Después de repartir las servilletas, vuelve a su asiento y espera la llegada del adulto que reparte la merienda.

"¿Quieres una galleta?", le pregunta el maestro.

"¡Galleta!", responde Gabriel.

En ese momento, el maestro le dio la galleta. Como dijo un hombre: "Houston, tenemos un problema".

Pasa a la página 186 para identificar el problema y ver lo que se hizo para solucionarlo.

ESTUDIO DE CASO 36:

Parece que el plan de tratamiento está funcionando, pero...

En nuestro siguiente escenario, nos encontramos en ese aprieto cuando se ha puesto en marcha un plan de tratamiento, pero en los datos no se está observando un cambio en la dirección deseada. Cuando esto ocurre, los dos factores más obvios que hay que comprobar son:

1. ¿Es un plan correcto (es decir, hemos hecho bien nuestro análisis funcional/evaluación)?
2. Si el plan es correcto, ¿lo está llevando a cabo todo el mundo correctamente?

Sólo para dar una pista, resulta que ninguna de estas razones comunes y obvias era válidas. Avancemos una vez más.

Melisa era una joven diagnosticada con una discapacidad intelectual moderada. Le iba bien dentro de su programa, pero tenía frecuentes episodios en los que hacía ruido, obstaculizando así su progreso. Según la documentación que me entregaron, Melisa hacía ruidos tontos o se ponía a cantar a intervalos aparentemente aleatorios. Al no poder identificar una función clara para esta conducta, el personal había puesto en marcha un plan de reforzamiento diferencial de otras conductas (RDO), para intentar darle un incentivo y que se abstuviera de realizarla.

Cuando observé el plan en acción, el fracaso a la hora de mostrar la mejoría no fue inmediatamente obvio. El personal de Melisa fue muy diligente a la hora de llevar a cabo el plan de RDO. Cada minuto, si se abstenía de hacer ruido, se le entregaba un reforzador. Melisa siempre alcanzaba y aceptaba el reforzador, lo que indicaba que los reforzadores eran probablemente motivadores. Echando un vistazo rápido a la situación, parecía indicar que la conducta estaba disminuyendo.

Sin embargo, el gráfico no miente, a pesar de mis impresiones subjetivas. El personal llevaba un registro de tiempo de intervalo parcial muy cuidadoso. Observando el gráfico, el 100% de los intervalos de 30 minutos mostraban, al menos, un ruido inapropiado emitido por Melisa.

Tengo que admitir que me costó un poco antes de que me cayera la manzana en la cabeza. No parecía haber nada malo en el plan de tratamiento porque no había nada malo en él. El problema estaba en otra parte.

Pasa a la página 188 para identificar el problema y lo que se hizo para solucionarlo.

ESTUDIO DE CASO 37:

El niño que lloraba diciendo "arriba"

Rocío Chávez

El siguiente escenario describe a Daniel, un niño de ocho años diagnosticado de autismo. Me pidieron una consultoría porque, según sus padres, le estaba poniendo las cosas difíciles a su maestra en casa. Daniel se pasaba la mayor parte de sus dos horas de sesión en el suelo del sótano, gritando y teniendo rabietas.

Un consultor de modificación de conducta había realizado previamente una evaluación de la función de la conducta de Daniel y, según se informó, la maestra estaba siguiendo sus sugerencias. Según este consultor, las rabietas parecían cumplir una función de escape de un ambiente de alta exigencia y demandas en el que antes no había habido exigencias.

El tratamiento que se puso en marcha fue, por tanto, un plan de extinción en el que las demandas no se retirarían y de hecho, se repetirían continuamente independientemente de las rabietas (procedimiento de "insistencia"). Cada vez que Daniel tenía una rabieta se le aplicaba este procedimiento de "insistencia". Al mismo tiempo, se administraban altas tasas de reforzamiento para la conducta de obediencia. En casa se utilizaba una economía de fichas similar a la que se utilizaba con él en el colegio.

La maestra también me enseñó la agenda de actividades programadas que se había puesto en marcha. Daniel debía seguir esta agenda de principio a fin en cada sesión, para proporcionarle cierta estructura y previsibilidad.

El plan de tratamiento se puso en marcha durante varias semanas y todo fue bien hasta que surgió un nuevo problema. Daniel empezó a tener rabietas de mayor intensidad en cuanto terminaba la agenda de actividades programadas. Su maestra también informó de que lloraba incesantemente cuando tenía que hacer su agenda y gritaba "arriba" (*up*, en el original). Una vez más, la maestra estaba en el punto de partida. Se pasó la mayor parte de la sesión luchando contra Daniel con el procedimiento de "insistencia" e intentando, desesperadamente, que volviera a aprender con alegría.

Pasa a la página 190 para ver una descripción de cómo se modificó el plan para que fuera más eficaz.

ESTUDIO DE CASO 38:

¿Por qué Patricio saluda constantemente a todo el mundo?

En el siguiente escenario observaremos una dificultad común en el manejo de la conducta, que a su vez demostrará el peligro de un error muy común en los planes de tratamiento de modificación de conducta.

Patricio era un joven diagnosticado con discapacidad intelectual moderada. Era un estudiante precoz, que había adquirido algunas habilidades básicas de interacción y autonomía. Una habilidad que había aprendido y aparentemente sobre aprendido, era el saludo a otros individuos. Patricio repetía constantemente la palabra "hola", en ocasiones, hasta 500 veces en una sola hora. Esta palabra no guardaba relación con su función socialmente aceptada, ya que Patricio repetía la palabra una y otra vez, a pesar de que nadie hubiese entrado en la habitación. Patricio seguía diciendo "hola" hasta que alguien le respondía, bien devolviéndole el saludo o diciendo algo como "ahora no estamos hablando de eso".

El personal, como era de esperar, estaba bastante frustrado con esta conducta. Se había establecido un plan de extinción por el que no se le debía responder al saludo. En la mayoría de las ocasiones lo habían logrado. Estaban desconcertados y frustrados porque la conducta seguía ocurriendo.

He aquí una pista: había que modificar el procedimiento de cambio de conducta en función de nuestro objetivo de trabajar las habilidades sociales de Patricio.

Pasa a la página 193 para ver una explicación de por qué Patricio saludaba continuamente a todo el mundo y a nadie.

ESTUDIO DE CASO 39:

El caso del mando perdido

Kristine Quinby

Cuando conocí a Tomás, su vocabulario se limitaba a unas pocas palabras que no utilizaba de forma funcional. Se daba fuertes golpes en la cabeza y lesionaba a su madre con frecuencia. La familia temía tener que ingresarle en una residencia si las cosas no mejoraban. Tomás sólo tenía 3 años en ese momento y tenía un diagnóstico dual de parálisis cerebral y autismo.

Se llevó a cabo una evaluación funcional y con la intervención se consiguió reducir su conducta agresiva. Las rabietas que antes se clasificaban según la intensidad y la duración, ahora sólo se contaban por la frecuencia, ya que los golpes en la cabeza eran casi inexistentes. Las lesiones a su madre también disminuyeron a medida que Tomás ganaba independencia en su rutina diaria. También aprendió a pedir lo que deseaba y lo que necesitaba (mandos) y, rápidamente, pasó de expresarse con una sola palabra, a hablar con oraciones completas, con frases variadas y con un uso espontáneo del vocabulario.

A pesar de todo este éxito, Tomás seguía teniendo frecuentes rabietas. No eran intensas, pero sí lo suficientemente frecuentes como para revolucionar la rutina familiar. Una evaluación funcional reveló que el reforzamiento positivo mediado socialmente (acceso a atención, a objetos o a actividades), era la función de la conducta. Sin embargo, Tomás ya poseía un vocabulario muy significativo y no necesitaba tener rabietas para acceder a los juguetes favoritos, actividades o a la atención. No tenía acceso a los juguetes, actividades o a la atención como resultado de sus rabietas. Por lo tanto, resultaba un tanto desconcertante que las rabietas continuaran. Las rabietas no se reforzaban y Tomás tenía en su léxico una conducta alternativa más apropiada desde el punto de vista social ¿Qué faltaba?

Ve a la página 195 para ver la explicación del mando que faltaba.

ESTUDIO DE CASO 40:

Andrés está teniendo una transición difícil a la escuela infantil

Sharon Sexton-Braun

En nuestro siguiente estudio de caso conoceremos a Andrés. Andrés era un niño de 6 años al que se le había diagnosticado dentro del espectro autista con 2,5 años. Había estado recibiendo 20 horas de servicios de análisis aplicado de la conducta (ABA) en casa desde que tenía tres años y también había estado recibiendo servicios de terapia ocupacional, fisioterapia y logopedia en un centro. Se determinó que aprendía mejor en un formato de enseñanza de ensayos discretos, por lo que esta metodología se utilizó de forma casi exclusiva en su educación temprana.

Había progresado de forma excelente y en su reunión anual del CEEP (Comité de Educación Especial en Preescolar), antes de entrar en el preescolar, el comité acordó que se le debería colocar en un aula de la escuela infantil con sus compañeros de desarrollo típico. También se acordó que debería tener un maestro de apoyo individualizado, así como logopedia y terapia ocupacional para atender sus otras necesidades.

Al entrar en la escuela infantil, a Andrés le resultaba muy difícil mantenerse en la tarea durante las actividades de grupo y necesitaba bastante ayuda. También le resultaba muy difícil aprender conceptos en un entorno grupal. Se hizo evidente muy pronto que no captaba gran parte de lo que se decía durante las actividades grupales en el aula. Aunque le habían enseñado previamente muchos de los conceptos que se discutían durante las clases, Andrés parecía incapaz de aplicar nada de lo aprendido durante su programación anterior. También le resultaba muy difícil predecir las transiciones durante el transcurso de la jornada escolar y, en consecuencia, tenía muchas “crisis” de conducta y rabietas.

¿Por qué su educación anterior no fue eficaz a la hora de prepararle para el aula ordinaria de la escuela infantil? ¿Qué podría haberse hecho de forma diferente para que Andrés tuviera éxito en un entorno típico de escuela infantil?

Pasa a la página 196 para ver una explicación de lo que faltaba en el programa de enseñanza de Andrés.

ESTUDIO DE CASO 41:

Se ha cavado un agujero curricular

Sharon Sexton-Braun

Para nuestro siguiente ejercicio vamos a hacer algo un poco diferente. Aquí estamos en tiempo presente en lugar de pasado. Vamos a exponer el tema con franqueza y a ver qué se nos ocurre a todos.

Roberto es un niño de 4 años al que se le ha diagnosticado un trastorno generalizado del desarrollo no especificado (TGD-NE). Aunque no habló hasta los 3,5 años, adquirió rápidamente un amplio vocabulario expresivo en poco tiempo. Actualmente, recibe 10 horas semanales de servicios de análisis aplicado de la conducta (ABA) en su domicilio, así como logopedia y terapia ocupacional.

Cuando conocí a Roberto en su casa, era evidente que era un niño muy brillante. Era capaz de leer a un nivel muy superior a lo esperado para su edad y mostraba un impresionante cuerpo de conocimientos sobre una gran variedad de temas. Era capaz de sumar y restar números, además de recitar datos que no eran generalmente conocidos por los estudiantes de su edad.

Sin embargo, desgraciadamente, Roberto también tenía una conducta poco obediente. Las observaciones subsiguientes demostraron que Roberto "llevaba la voz cantante" y tenía muchas dificultades para seguir las instrucciones si no se ajustaban a sus apetencias en ese momento. La maestra que trabajaba con él era incapaz de atender a los objetivos de enseñanza porque cada vez que intentaba pasar a una actividad no preferida, Roberto empezaba a llorar y huía de la situación escapándose.

Roberto también tenía unas habilidades pragmáticas muy pobres y no me respondía cuando le saludaba. Era incapaz de pedir ayuda cuando la necesitaba y no podía mantener una simple conversación. Cuando le pregunté a la maestra cómo estaba tratando su desobediencia, me informó de que la agencia le había sugerido que no lo abordara y que, simplemente, ignorara la conducta y siguiera trabajando en lo académico. Para mí estaba bastante claro que no necesitaba ayuda con sus habilidades académicas y que se había tirado la toalla en relación con la programación.

Pasa a la página 198 para ver una explicación de cómo se tiró la toalla y lo que tendremos que hacer para solucionarlo.

ESTUDIO DE CASO 42:

Una interrupción en el programa

Nota: la siguiente historia romperá nuestro patrón de "contar una historia e ir hacia adelante para ver las soluciones". Adoptará la forma de una simple interacción. Aunque es una ruptura con respecto al formato que hemos establecido, creo que en esta caso irá bien. Este artículo apareció por primera vez en The Oaracle*, la revista electrónica mensual de la* Organización para la Investigación del Autismo*, en septiembre de 2006 (Gracias a mi amigo Peter Gerhardt, Ed.D., por el permiso para reproducirlo aquí).*

El pasado Halloween ayudé a supervisar una fiesta de pijamas. Los niños me envolvieron en papel higiénico durante el concurso de "hacer una momia", guié a numerosos niños a través de la oscuridad hasta el pasillo para ir a los baños y finalmente, vi cómo terminaba la película y los niños se acomodaban en sus sacos de dormir para pasar la noche. Los adultos se colocaron estratégicamente en el suelo y llegó la hora de acostarse.

Ahora, pensé para mis adentros, era el momento de escribir algún programa en mi portátil. Estaba sentado en el pasillo, cerca de los percheros y llevaba concentrado unos cinco minutos cuando una vocecita me preguntó qué estaba haciendo. Levanté la vista de la pantalla y vi a uno de los precoces niños de seis años que habían asistido a la fiesta. Siempre tuve la vaga sensación de que algún día trabajaría para alguno de esos niños. También tenía la extraña sensación de ser el Grinch[5] y

5 *N. del E.:* El Grinch es una obra del famoso Dr. Seuss (1904-1991), escritor de libros infantiles y caricaturista. El Grinch cuenta la historia de un duende cascarrabias que se propone robar la navidad hasta que Cindy Lu Hoo, una dulce niña, con su desbordante espíritu navideño, le hace cambiar de opinión.

mirar a la pequeña Cindy Lu Hoo, aunque no estuviera robando cosas de Navidad. Se suponía que no había que mantener conversaciones profundas con niños tan pequeños a estas horas de la noche.

Le expliqué que estaba diseñando unos planos para un proyecto del trabajo. Habíamos creado un negocio de "carritos de aperitivos" en la agencia en la que era consultor, un proyecto que esperaba que se convirtiera en una empresa autosuficiente, que empleara a algunas de las personas diagnosticadas de autismo que quisieran trabajar ahí. Estaba ayudando a diseñar programas para enseñar a algunas de las personas que iban a trabajar allí a cómo hacer su trabajo.

"¿Por qué?" vino la pregunta inevitable. Fue una pregunta que se repetiría muchas veces durante nuestra conversación de esa noche.

Dije algo así como: "Bueno, a algunas de las personas adultas que están siendo atendidas por la agencia no les enseñaron las habilidades que necesitan para mantener un trabajo cuando estaban en el colegio. Nunca aprendieron a pedir ayuda si no sabían qué hacer, o cómo seguir los horarios, o cómo realizar algunas de las habilidades laborales, o cosas así".

"¿Por qué no?"

Le dije que ojalá tuviera una respuesta a esa pregunta.

"Pero si nunca aprendieron a tener un trabajo, ¿cómo esperaba la gente de sus escuelas que fueran capaces de vivir por su cuenta como otros adultos?"

Hice mi mejor imitación de Shrek: "Una pregunta justa". Me debatí internamente discutiendo sobre el tipo de vida al que se enfrentan los que no desarrollan habilidades de la vida independiente. Es una vida en la que otras personas toman todas las decisiones importantes por ti ¿Dónde vivirás? ¿Cuáles serán tus (limitadas) opciones de alimentación? ¿Cuáles serán tus (limitadas) opciones de actividades de ocio? ¿A qué hora te acostaras? ¿Con quién compartirás tu espacio vital? ¿Cómo pasaras tus días? Como siempre, la niña se me adelantó y me señaló muchos de estos datos. Asentí con la cabeza. El póster de la pared que destacaba el respeto y la dignidad que debemos a cada individuo, me proporcionó un asentimiento silencioso adicional.

Generalización de estímulo

Siempre que alguien me pregunta cuál es el objetivo de una programación de modificación de conducta y educativa, mi respuesta es un rápido "para construir la autonomía". Cuando alguien tiene habilidades, tiene opciones.

Cuando alguien carece de habilidades, carece de opciones. En ese caso, las decisiones de la vida se toman inevitablemente por el individuo e incluso, aunque otras personas tengan los mejores intereses para ese individuo en el corazón, simplemente no hay nada que pueda sustituir la capacidad de tomar nuestras propias decisiones y vivir una vida independiente.

Ahora, firmemente interesada y sin ningún pensamiento de irse a dormir, la niña me pidió más detalles sobre lo que estaba haciendo. Estaba escribiendo sobre la generalización, le dije. Inventando un pseudónimo para proteger la privacidad, le hablé de uno de los empleados del negocio de carritos de aperitivos que era capaz de realizar muchas de las habilidades necesarias para encargarse del negocio, pero sólo mientras estaba en el lugar de entrenamiento. Cuando pasó de allí al "mundo real", le resultó más difícil. Estaba trabajando en lo que llamaríamos generalización de estímulo, la capacidad de realizar una habilidad que se ha enseñado en una serie de circunstancias, cuando se encuentra en una nueva situación.

"Como ser capaz de darle una patada al balón en el patio de la misma manera que en el gimnasio". Estuve de acuerdo en que había proporcionado un ejemplo estupendo. Los que gusten de material más académico pueden consultar en Harding, et al. (2004) un ejemplo excelente e igualmente divertido. Por supuesto, deberíamos volver a Stokes y Baer (1977) para ver el artículo que define la generalización y empezar a trabajar desde ahí, rastreando la literatura a medida que se ha ido desarrollando y madurando.

Como se señala a menudo, la generalización de las habilidades no puede suponerse ni esperarse ni rogarse. En la literatura aplicada se informa a menudo del fracaso en la generalización. Hay que programar explícitamente la generalización enseñando en la amplia variedad de circunstancias y situaciones a las que se enfrentará la persona. Aprender a hacer el cambio o a vender el producto en nuestra situación de entrenamiento, es una cosa. Aprender a hacerlo en tiempo real, en el pasillo del edificio de oficinas, con un desconocido británico que pregunta si la fruta es fresca… es otra muy distinta. No podemos esperar ni suponer la generalización de la habilidad; debemos programarla enseñando en una variedad de situaciones de enseñanza y estímulos.

Generalización de la respuesta

"¿La persona hará siempre el mismo trabajo? ¿O hará ese trabajo siempre de la misma manera? Eso suena aburrido".

De nuevo, mi futura BCBA en miniatura se me adelantó.

"No, intentamos ayudar a la gente a aprender a hacer todos los trabajos y diferentes formas de hacerlos, para que no se aburran".

En realidad, esta cuestión de la generalización de respuestas es tan importante como la generalización de estímulos. Piensa en el monólogo de George Carlin sobre despedirse de 20 personas en una fiesta. Mientras avanza por la fila diciendo: "Vale, oye, tómatelo con calma" ...okey, "oye, tómatelo con calma" ...okey, "oye, tómatelo con calma", puede parecer poco creativo (en el mejor de los casos). Si recuerdo bien el número, George anunció que cada mes, lo necesitara o no, cambiaría la forma de despedirse. La gente le preguntaba entonces: "¿No solías decir "vale, oye, tómatelo con calma"?" George respondía con algo parecido a: "Sí, lo hacía, pero ya no. Ahora digo ¡Hasta la vista! ¡Adiós, hasta que nos volvamos a encontrar! ¡Que las fuerzas del mal se confundan en el camino hacia tu casa!" Terminó el monólogo señalando que "¡la gente te recordará si hablas así!".

Aunque un discurso tan florido puede no ser necesario o incluso siempre deseable, la comedia tiene su punto. Dejando a un lado los problemas de aburrimiento, es cierto que la población en general espera cierta variedad en las respuestas. Quizá algo todavía más importante, es que alguien que no puede variar lo que hace puede tener muchas dificultades para adaptarse a las situaciones cambiantes. Nuestros lugares de trabajo están en constante cambio. Las nuevas tecnologías hacen que los antiguos puestos de trabajo queden obsoletos o exigen nuevas formas de realizar las viejas habilidades.

Para pensar en esto en términos concretos, ¿qué hacemos cuando una huelga hace imposible llegar al trabajo de la manera típica? ¿Qué hacemos cuando se introduce un ordenador, que nunca se había utilizado antes, para hacer un seguimiento del inventario? ¿Cómo se cambia a un sistema de código de barras? ¿Cómo hacemos para buscar información que nos permita adaptar nuestra conducta a las nuevas situaciones? ¿Qué ocurre cuando un nuevo supervisor quiere cambiar la forma de hacer las cosas? De nuevo, para aquellos que insisten en las referencias académicas, podéis consultar un interesante ejemplo de Ludwig y Geller (1997).

Tengamos en cuenta, por supuesto, que estas cuestiones de generalización de estímulo y generalización de respuesta son las que todos afrontamos con mayor o menor éxito. Si se me permite uno de mis característicos momentos propios de la serie "House, M.D.", a menudo me encuentro discutiendo con miembros del personal sobre lo bien que están generalizando sus propias habilidades. Recuerdo a un psicólogo al que ayudaba a entrenar, que solía hacer preguntas sobre cómo proceder con un asunto determinado (una evaluación funcional de la conducta o una modificación de currículum, por ejemplo). Después de responder a sus preguntas de forma adecuada varias veces, al final me encontré respondiendo a las preguntas diciendo: "Bien, ¿qué hicimos cuando nos encontramos exactamente en esta misma situación las 300 veces anteriores?".

Mi pequeña noctámbula y yo no resolvimos los problemas del mundo esa noche. Sin embargo, sí estuvimos de acuerdo en que la gente tiene que saber mostrar sus viejas habilidades incluso cuando las situaciones cambian. Y tienen que ser capaces de cambiar lo que han estado haciendo para adaptarse a las nuevas situaciones. No está mal para un tipo que se había envuelto en papel higiénico dos horas antes y para una niña de seis años que se tenía que haber ido a dormir hacía tres horas.

ESTUDIO DE CASO 43:

"¡Le tengo emitiendo mandos 400 por hora!"

En nuestro siguiente escenario, imito a Sigmund Freud con el Pequeño Hans y realizo mis servicios clínicos por correo. En mi caso fue por correo electrónico y probablemente él fumaba puros más caros que yo, pero, aun así, es divertido pretenderlo.

Nuestro propio Pequeño Hans llegó a mis manos gracias a una persona encargada de diseñar los programas en el hogar que estaba algo frustrada. Había asistido a un seminario sobre la enseñanza del lenguaje a niños del espectro autista y había aprendido la importancia de enseñar mandos, ya que ayudan al estudiante a desarrollar lenguaje, aprendiendo a pedir lo que desea.

Es cierto que a muchos estudiantes diagnosticados en el espectro autista les resulta difícil aprender a hablar. Es un gran esfuerzo por su parte y, por tanto, es una gran idea asegurarse de que cualquier lenguaje que se enseñe sea funcional. Como suelo decir, cualquier lenguaje que adquieran debería ayudarles a manipular el mundo y lo digo de la forma más amable posible. Deberían obtener una recompensa por todo el trabajo duro que hacen. Y enseñarles una forma de pedir sus juguetes favoritos, probablemente, supondría llegar más lejos con este objetivo que limitarse a emitir sonidos sin sentido.

Comenzó la enseñanza. Se enseñó a emitir mandos y de acuerdo con las sugerencias del docente del seminario, se registraron los datos de frecuencia relativos a la frecuencia con la que el estudiante emitía mandos en un periodo de tiempo determinado. Sorprendentemente, a partir de una líneabase de cero, se observó que el estudiante emitía mandos para pedir los objetos deseados a un ritmo de 400 veces por hora.

La persona responsable de los programas, sin embargo, sintió que estaba en un verdadero problema y no supo qué hacer.

Pasa a la página 199 para ver una descripción de por qué se consideró que esta conducta era un problema y lo que había que hacer a continuación.

ESTUDIO DE CASO 44:

El recreo perdido

Nuestro siguiente estudio de caso nos lleva a un colegio de primaria de un suburbio costero de Nueva York de clase media. Haciendo un paréntesis en nuestro tema general, no se presenta a ningún estudiante diagnosticado con un trastorno del neurodesarrollo.

Los hechos son relativamente sencillos. El recreo se perdió. No es que se perdiera, sabíamos dónde estaba. Sin embargo, a los estudiantes del colegio no se les permitía ir allí. El malestar general y las protestas de los niños de cinco años amenazaban con avivar las llamas de una revuelta abierta.

El miércoles se anunció en el colegio que no habría recreo el jueves ni el viernes. Esto fue el resultado de la mala conducta de algunos estudiantes durante el recreo el miércoles.

Para sorpresa de algunos miembros del personal, pero no de los que tienen formación en modificación de conducta, el jueves y el viernes fueron un desastre, conductualmente hablando. Estudiantes que nunca habían tenido ningún problema de conducta, estaban siendo desobedientes. El almuerzo previo, que normalmente se hacía de forma bastante ordenada, ahora se presenciaba como se tiraban la comida, los estudiantes se levantaban de los asientos y hablaban justo cuando escuchaban el silbido que les requería silencio para poder prestar atención a un anuncio... Claramente, el orden se había roto.

Ve a la página 200 para ver una explicación de la causa de la conducta de agitación.

ESTUDIO DE CASO 45:

Una iniciación que no funcionó

Nuestro siguiente caso describe lo que podría definir con completa honestidad, como no mi mejor momento. Se trata de mis intentos de enseñar a Damián, un niño de cuatro años diagnosticado con un trastorno generalizado del desarrollo no especificado (TGD-NE), a hacer iniciaciones a otros niños en el parque.

Yo había estado supervisando un programa en casa para Damián y éste había hecho notables progresos. Su lenguaje se estaba desarrollando a un ritmo acelerado, al igual que sus habilidades de juego y pre- académicas. Sin embargo, un problema que observé fue que se había vuelto un experto en responder a las iniciaciones hechas por otros estudiantes. Sin embargo, nunca hacía una iniciación para jugar con nadie. Decidí centrarme en esta destreza tan importante y que a menudo se pasa por alto.

Para empezar a enseñar a iniciar, se utilizaron dos adultos. Uno de ellos hacía de sombra, situándose detrás de Damián y susurrándole al oído lo que debía hacer (por ejemplo, "ve a decirle a papá que quieres patatas fritas" o "ve a hacerle cosquillas a mamá" o "pregúntale a la abuela dónde está la pelota"). Damián haría esta iniciación según las instrucciones dadas con cualquier ayuda adicional que fuera necesaria. El adulto sombra se desvanecería a medida que Damián se volvía más y más independiente a la hora de seguir las instrucciones y hacer las iniciaciones. A continuación, se desvaneció la sombra todavía más, haciendo preguntas a Damián, en lugar de proporcionarle instrucciones directas (por ejemplo, "¿qué te gustaría decirle a mamá?"). A partir de aquí, Damián empezó a acercarse espontáneamente a los adultos conocidos y a hacer declaraciones o peticiones o a iniciar el juego.

Hasta aquí, todo bien. Damián estaba iniciando con los adultos. Ahora, quería que iniciara con otro niño, quizás para pedirle que jugara con él. En los últimos meses, Damián había aprendido a atrapar la pelota y esa era una de sus actividades favoritas. Por lo tanto, decidí utilizarla como la primera conducta para trabajar el objetivo de iniciar. Como antes, utilizando una sombra que luego se desvaneció, practicamos acercándonos a alguien en la casa y preguntándole si quería jugar a pasar la pelota. Una vez que la habilidad parecía haberse consolidado, nos fuimos al parque para probarla (dejemos que Carmina Burana se escuche de fondo, el drama se acerca).

Fuimos al parque y Damián vio a otro niño que no estaba jugando con nadie más. Cogió su pelota y se acercó al niño, como habíamos practicado. Le preguntó al otro niño si quería jugar a pasar la pelota. Sin embargo, cuando el otro niño se giró, observé los rasgos faciales asociados a un síndrome del desarrollo bastante grave que suele provocar retrasos en el habla. Tal y como me temía, el otro niño no contestó ni respondió de ningún otro modo a la iniciación de Damián.

Damián me preguntó miserablemente: "¿No lo he hecho bien?". Se resistió a volver a intentarlo ese día.

Pasa a la página 202 para averiguar qué había olvidado hacer.

ESTUDIO DE CASO 46:

"¡Ella solía hacer eso!"

"¡Ella solía hacer eso!" Es algo agradable de oír cuando hablamos de una conducta que está interfiriendo en el proceso de aprendizaje. No es tan divertido oírlo cuando hablamos de una habilidad que se tenía en un momento dado, pero que ya no se observa.

Simona era una joven a la que se le había diagnosticado de trisomía 21. Estaba progresando bastante bien en una serie de áreas en el colegio. Sin embargo, algo que le resultaba frustrante era ponerse su abrigo y abrocharse la cremallera. Mediante un análisis de tareas muy detallado, un terapeuta ocupacional y el personal de su clase, conseguimos enseñarla a ponerse su propio abrigo y a abrocharse la cremallera. Se la veía inconfundiblemente orgullosa mientras realizaba la habilidad. Era un placer observarla.

El invierno dio paso a la primavera y me llamaron de nuevo para ver a Simona. Lamentablemente, en su revisión anual se observó que si bien había aprendido a subir la cremallera de su propio abrigo, ahora se me informaba de que ya no podía hacerlo. Hacía uno o dos movimientos bruscos para enganchar la cremallera y luego pedía ayuda y esperaba a que otra persona le subiera la cremallera del abrigo.

Pasa a la página 204 para averiguar qué había olvidado hacer.

ESTUDIO DE CASO 47:

"¿Qué quiere decir?"

Este capítulo se ha titulado en honor a la profesora que le hizo esa pregunta a una madre. "¿Qué quiere decir?" Es posible que quieras saber qué pregunta desconcertante hizo la madre. Sigamos adelante y averigüémoslo.

Mariana era una joven diagnosticada de autismo. La colocaron en una clase de integración de tercero en el colegio de su barrio. Aunque sus habilidades sociales y de lenguaje seguían estando por detrás de las de sus compañeros, Mariana estaba progresando. Con la ayuda de su maestro de apoyo individualizado, era capaz de seguir el ritmo del trabajo en el aula y participar en las actividades de clase.

Sin embargo, el contacto visual de Mariana era fugaz. Se distraía fácilmente y le era muy difícil mantener la mirada el tiempo suficiente para llevar a cabo una interacción social. Para resolver este problema, la profesora de Mariana diseñó una gorra de béisbol con fieltro, con dos alas que bajaban por ambos lados, para tapar las distracciones de su visión periférica. Mariana no podía ver nada, salvo a la persona con la que se comunicaba de frente.

En un principio, la madre de Mariana se sintió algo sorprendida, como era de esperar, por el extraño aspecto de la gorra. Sin embargo, la profesora le explicó su propósito y le aseguró a la madre que el sombrero cumplía su función. La madre de Mariana formuló la tan esperada pregunta: "¿Cómo va a desvanecer eso?".

"¿Qué quiere decir?"

Pasa a la página 206 para entender qué quería decir la madre de Mariana.

ESTUDIO DE CASO 48:

¿Por qué Antonio tiene conductas disruptivas?

Denise Mary Lombardi

(Nota del editor: Le pedí a Denise que nos echara una mano. No hubo problema y aquí nos relata una historia que le compartieron en una reunión de un grupo de apoyo para padres).

Antonio era un niño brillante y adorable de cuatro años, diagnosticado de autismo. Estaba recibiendo terapia ABA en casa. También asistía a una escuela infantil local con 14 niños de desarrollo típico. Al comienzo del curso escolar, Antonio se adaptó perfectamente al nuevo ambiente. Iba a la escuela 2 veces por semana, durante un total de 4 horas. Su maestro responsable le haría de sombra en la escuela. Con el apoyo de su maestro, Antonio era capaz de atender a la maestra del aula en un entorno de grupo. Estaba desarrollando habilidades de juego cooperativo y observaba a los demás niños mientras jugaban. Se le ayudaba mínimamente a que se uniera a las actividades en las que participaban los otros niños. Prácticamente, no había tenido conductas disruptivas en los diferentes entornos de la escuela. Todas las partes implicadas estaban encantadas con los progresos que estaba haciendo.

Aproximadamente 5 meses después, se asignó un maestro diferente para que hiciese de sombra en la escuela. Se esperaba un período de transición, pero como a Antonio le había ido tan bien durante mucho tiempo, se esperaba que ese período fuera corto. El maestro del aula y la familia instruyeron al nuevo maestro en cuanto a los objetivos que debían alcanzarse en la escuela. Entre esos objetivos, se hizo mucho hincapié en la importancia de facilitar las interacciones sociales con los compañeros, el uso del lenguaje y la conducta adecuada. Al cabo de unas semanas, el maestro de la clase observó que Antonio se estaba volviendo más impulsivo y centrado en sí mismo. Su capacidad de atención durante la hora de la asamblea empezó a disminuir. En nada de tiempo, Antonio se comportaba de forma disruptiva durante la asamblea y otras actividades. En resumen, la conducta desobediente de Antonio aumentó bruscamente.

Tras la observación, se cayó en la cuenta de que, casi inmediatamente después de realizar una conducta disruptiva, el maestro de Antonio le sacaba de la situación. También se observó que se calmaba inmediatamente cuando se le presentaba un juguete o la oportunidad de bajar por el tobogán.

Pasa a la página 208 para comprender la génesis de las dificultades de la conducta de Antonio.

ESTUDIO DE CASO 49:

¡Las galletas no funcionan!

Holly Rittenhouse

En este capítulo visitaremos a Silvia, una niña de tres años a la que, como a la mayoría de nosotros, le encantaban las galletas. Su maestra Ana lo sabía y siempre tenía a mano un paquete de galleta para que Silvia se las ganara. Sílvia trabajaba bien, disfrutando plenamente del hecho de poder comer galletas durante toda la sesión de enseñanza. Hay que tener en cuenta que tenía unas capacidades lingüísticas limitadas y escasas habilidades para elegir. Necesitaba que se la ayudara a hacer las peticiones, dándole opciones mediante pictogramas o presentándole los objetos reales.

Una tarde, Ana se cargó de galletas y se dirigió al aula del sótano para trabajar con Sílvia. Sílvia estaba, como de costumbre, emocionada de verla y se aseguró de que traía consigo las galletas. Respondió bien durante la primera parte de la sesión, pero después de una hora, Ana no pudo conseguir que hiciera nada de lo que quería que hiciese. Pensó que no debía de estar proporcionando suficiente reforzamiento, así que empezó a darle galletas por cualquier cosa apropiada que hiciera. Sílvia continuó con su conducta desobediente durante toda la sesión y se negaba continuamente a comerse las galletas que se le ofrecían.

Ana achacó la conducta a que Sílvia tenía un "mal día" y decidió que la siguiente sesión sería mejor porque empezaría con la entrega de altos índices de "reforzamiento" (también conocido como "hincharse a galletas"). No funcionó como Ana esperaba, y la conducta desobediente y el rechazo de las galletas continuaron.

Pasa a la página 209 para averiguar qué ocurrió con las galletas.

ESTUDIO DE CASO 50:

Sebastián no puede examinar un conjunto de estímulos

Regina Claypool-Frey

Sebastián era un niño de infantil, no vocal y con diagnóstico de autismo, que asistía a un programa de educación especial para niños con dicho diagnóstico. Se le caracterizaba como "de bajo funcionamiento", y se pensaba, claramente, que no se podía esperar mucho en cuanto a sus habilidades. Uno de los problemas que se describieron como un obstáculo para su progreso, que había avanzado muy lentamente durante los pasados meses, era que "Sebastián no puede examinar un conjunto de estímulos". Por esa razón, el personal se esforzaba por colocar cualquier estímulo con el que trabajaran exactamente en el mismo lugar de la mesa y no presentaban más de un conjunto de dos estímulos. Aun así, los datos mostraron que las respuestas correctas en tareas de discriminación estaban estancadas en un 30% de respuestas correctas independientes, con un patrón aleatorio. En un conjunto de dos estímulos, había una gran probabilidad de que este resultado se debiera al azar.

Como primera solución, el análisis sugirió que se siguiera insistiendo en los estímulos en los que fallaba, pero eso había dado lugar a cierta dependencia de la ayuda. Tras algunas preguntas sobre si se había comprobado su agudeza visual (se había hecho y estaba bien), le pregunté si podía observar a Sebastián durante la sesión de enseñanza intensiva. Se esmeraban en el trabajo, cuanto menos con los materiales para los ejercicios de lenguaje, dispuestos con tanto cuidado como la cubertería de plata en un restaurante de cuatro estrellas. Los estímulos se colocaban siempre en un conjunto de dos estímulos. Como experimento, pregunté si podían probar con un conjunto más grande. La respuesta fue que se había intentado, pero que fue un fracaso y una vez más me dijeron que "Sebastián no podía examinar el conjunto de estímulos".

Durante una pausa de juego libre, observé que uno de los miembros del personal del programa corregía a Sebastián por encontrar el "vaso de reforzadores con caramelos", en medio de una maraña de estímulos. Independientemente de cuál fuera el problema en ese momento, significó algo bueno porque fue el primer indicio de que Sebastián, efectivamente, podía "examinar".

Pasa a la página 212 para ver una interpretación del problema, así como lo que tuvimos que hacer para solucionarlo.

ESTUDIO DE CASO 51:

La "A" significa análisis

Zacarías era un adolescente al que se le había diagnosticado con síndrome del cromosoma X frágil. Su familia se preparaba para acudir a su reunión de revisión anual para discutir cuánto dinero se les debería reembolsar por la consultora privada que estaba implementando un programa en casa para Zacarías. Una de las principales razones por las que la familia recurría a la consultora privada, era que no le encontraban ningún sentido a los datos procedentes del colegio y, por tanto, no se sentían preparados para llevar a cabo en casa el programa de generalización de habilidades. Para tener una segunda opinión, me pidieron que fuera al colegio para ver de qué manera recogían los datos.

En el colegio observé una organización impresionante, con un equipo de personal muy completo, un voluminoso libro de datos y una colección de vídeos. El maestro y yo charlamos sobre la organización general del programa. El propio Zacarías participaba de la charla y parecía un joven encantador. Hasta aquí, todo bien. Como eran las vacaciones de primavera, con el permiso de la familia, me dejaron llevarme a casa la carpeta del programa y algunos vídeos para revisarlos. Me esperaba un trabajo relativamente rápido y agradable. El problema comenzó cuando abrí la carpeta y empecé a escudriñar las páginas. Aunque cada sección estaba cuidadosamente dividida y etiquetada, los datos en sí eran una serie de notas anecdóticas escritas a mano. Para algunos programas, hasta se remontaban a varios años atrás. Algunos días no tenían más nota que "día impresionante", acompañada con una marca de verificación o un arco iris. Hubo algunas ocasiones en las que alguien había tomado la iniciativa de anotar algunos datos ensayo por ensayo, pero fueron pocas y distanciadas entre sí.

Había un programa en particular que proponía enseñar vocabulario, emparejando varias palabras impresas con un espacio en blanco en una página de texto. Volviendo al principio del programa, parecía que esto se había estado haciendo durante más de dos años. Como no tenía ninguna base para determinar cómo iba esto y un maestro del colegio me había mencionado que este programa había sido "una especie de problema", parecía un buen punto de partida. Unas 20 horas más tarde, después de ir juntando las notitas, analizar el porcentaje de datos correctos que había y de ver los vídeos, quedó deprimentemente claro que no sólo no se había hecho ningún progreso, sino que, tal y como se estaba trabajando, la probabilidad futura de éxito era, como mínimo, improbable.

Viendo el vídeo, el escenario era el siguiente: el material del programa consistía en siete historias de unas cinco páginas cada una. Cada página constaba de unas 75 palabras con un nivel de lectura de aproximadamente tercer grado. Se presentaba un cuento diferente en cada sesión de enseñanza. El terapeuta comenzaba a leer el texto en voz alta y hacía una pausa, como clave, para que Zacarías seleccionara una palabra de un conjunto de 10 palabras, que tenía que colocar en la página, en los espacios reservados para ello. La versión corta es que más del 90% de las veces Zacarías elegía la palabra equivocada o ponía la palabra equivocada en el lugar equivocado, o la palabra equivocada en el lugar correcto, o la palabra correcta en el lugar equivocado. A veces, no miraba en absoluto al elegir. El maestro corregía el error quitando la palabra o quitando la palabra y dando ayudas antes de seguir leyendo el texto. A veces, la ayuda era de señalización, a veces un golpecito, a veces mano sobre mano. En el mejor de los casos, el porcentaje de respuestas correctas independientes rondaban el 10% y, normalmente, el 0%. Esto, después de las reuniones semanales del equipo del aula, la supervisión de, al menos, dos psicólogos del colegio y más de 100 horas de trabajo de los maestros y asistentes de maestros y de Zacarías sólo en este ejercicio. Estaba deprimido. Mi depresión se vio agravada por la certeza de que esto iba a ser una situación de "disparar al mensajero" por parte de un colegio que no estaría contento con que un extraño señalara estas dificultades. No hace falta ser Enciclopedia Brown o Sherlock Holmes para saber qué estaba fallando en este caso.

Pasa a la página 213 para ver una interpretación del problema, así como lo que tuvimos que hacer para solucionarlo.

ESTUDIO DE CASO 52:

Zapatos nuevos para Gerardo

Nicole Dibra

Cuando pienso en Gerardo, lo primero que me viene a la mente es su sonrisa de satisfacción. Incluso cuando habla, suele tener los dientes apretados, la mandíbula tensa y los dientes visibles. Suele mirar hacia arriba sin levantar la barbilla, por lo que, desde su punto de vista, parece que puede ver la parte superior de sus cejas. Imagínese a un hermoso chico de piel aceitunada, con el pelo oscuro cortado en tazón y unos grandes y cálidos ojos marrones. Gerardo siempre iba vestido de punta en blanco, con chalecos de rombos sobre camisas de cuello finamente planchadas, con calcetines a juego y zapatos italianos bien hechos a medida de Buster Brown. Conseguir unos zapatos nuevos era, en realidad, un acontecimiento en sí mismo. Una fecha planificada de antemano que se anotaba en el calendario. Los zapatos eran siempre un reflejo de la atención al detalle y la conciencia de la moda de su madre (italiana, por supuesto).

Yo era amiga de su madre desde que él estaba en intervención temprana. Por lo tanto, siempre estaba bien informada sobre su programación, objetivos, maestros, logros y dificultades. Gerardo era hijo único y su familia era muy dedicada y diligente para que tuviera consistencia y un programa de ABA sólido. Invirtieron en consultores de análisis aplicado de la conducta, utilizaron terapeutas financiados por el distrito y también complementaron horas adicionales con profesionales altamente capacitados.

La madre de Gerardo siempre le hablaba con mucha naturalidad y cariño, como lo haría con un niño típico, sin compensar nunca su discapacidad. Siempre había pensado: "Desde luego, éste no será un niño víctima de la impotencia aprendida". Sus expectativas eran siempre muy altas, a veces me parecía que demasiado. Pero en su presencia, era un niño que se comportaba bien y mamá era, ciertamente, una madre que quería un niño disciplinado que pudiera participar en el día a día familiar y en las actividades propias de su edad. Mamá era muy coherente, manteniéndose contingente en cuanto al seguimiento de las instrucciones de Gerardo. Se esforzaba por exponerlo a actividades típicas y deseaba, más que nada, que no sólo participara en las actividades, sino que se divirtiera con ellas. Siempre utilizó un lenguaje claro y nunca dejó de reconducir ninguna conducta estereotipada.

Cuando Gerardo se acercaba a la edad escolar, la madre estaba bastante segura (y también decepcionada) de que necesitaba estar en un programa de jornada completa. También sabía que, fuera cual fuera el programa que considerara, Gerardo seguiría necesitando un enfoque basado en el análisis aplicado de la conducta estricto y en el mismo nivel de intensidad.

Encontrar una ubicación que pudiera acercarse a la calidad de lo que mamá había estado orquestando en casa, resultó ser una tarea difícil. Cualquier colegio considerado exclusivo de ABA, con una enseñanza individualizada, estaba lleno hasta los topes y tenía una lista de espera de más de 500 niños. Durante este tiempo, el padre de Gerardo cayó gravemente enfermo y la madre tenía ahora una seria distracción más allá de la de su hijo y su educación. Sin embargo, sin ningún signo evidente de angustia, la mamá se esforzó por mantener la constancia para Gerardo, así como por atender las necesidades de su cónyuge. Dedicó cualquier momento disponible a buscar el tratamiento y los médicos adecuados, a ponerse en contacto con las compañías de seguros y a llevarlo a los centros de tratamiento médico. Sí, ciertamente, esta familia estaba pasando por tiempos muy difíciles.

Justo en ese momento, cuando no había ninguna esperanza a la vista, otro padre informó a la madre de un colegio aprobado por el Estado. Este colegio estaba supervisado por un BCBA y atendía a niños con autismo. Se decía que seguían un determinado tipo de modelo, que utilizaba principios clave basados en el análisis de la conducta verbal de Skinner. Estando algo presionada con sus actuales circunstancias de vida y sintiéndose bastante confiada, después de la visita inicial y la reunión con el director, se determinó que ésta sería la ubicación escolar de Gerardo, al menos por el momento. También cabe mencionar que éste era el año en que todo lo que llevaba el término "conducta verbal", significaba "el mejor tipo de ABA". Ni que decir tiene que la madre se sentía bien con la decisión, pues confiaba en nuestra ciencia y en un programa que, aparentemente, parecía muy versado en el uso de ABA como método de enseñanza. Simplemente no podía imaginarse que un programa que utilizara esta metodología pudiera fallarle a ella... o fallarle a Gerardo.

Gerardo estuvo en este colegio durante unos dos años. Sin embargo, su familia no tardó tanto en darse cuenta de que, ciertamente, no era oro todo lo que relucía. Una conducta inadaptada que Gerardo nunca había tenido, estaba incrementándose a un ritmo acelerado. Sin embargo, sus circunstancias familiares, así como la falta de otras opciones apropiadas disponibles, habían dejado a la familia en un terrible atolladero.

La familia de Gerardo estaba recibiendo reforzamiento intermitente del programa, en forma de promesas de que trabajarían y podrían trabajar juntos para tener bajo control la conducta inadaptada recién aprendida de Gerardo. Al mismo tiempo, la madre también recibía montones de datos e informes de progreso que reflejaban los cientos de "objetivos de aprendizaje" que Gerardo había conseguido cada semana. Parecía que, a pesar de que el problema de conducta estaba presente, Gerardo seguía aprendiendo habilidades, tal y como mostraban los datos. Estos datos avivaron la motivación de la madre para mantener a Gerardo en el centro. Sin embargo, al final la motivación disminuyó. La madre empezó a razonar: "Yo no te lo di así, y él no es así en casa. Tú lo hiciste, será mejor que lo soluciones".

Gerardo llegaba a casa con marcas de mordiscos y arañazos, aparentemente de sus compañeros de clase. Sin embargo, con el tiempo se informó a mamá de que en el colegio Gerardo era el que empezó a morder, arañar y pellizcar a otros. También empezó a escaparse. El personal pasaba mucho tiempo persiguiéndole por los pasillos, donde esa sonrisa de satisfacción volvía a aparecer, mientras observaba a su perseguidor por encima del hombro. A partir de ahí, todo fue cuesta abajo. Las conductas se estaban volviendo tan ingobernables que llamaron a mamá a una reunión tras otra para que firmara procedimientos de restricción y otros procedimientos de tiempo fuera, que debían servir de castigo para las conductas inadaptadas de Gerardo.

Mamá se negó. No creía que se hubieran llevado a cabo la diligencia debida, ni que se hubiesen probado todos los procedimientos menos restrictivos. Lo más obvio para mamá es que se hizo un esfuerzo muy pequeño en analizar los reforzadores para diseñar un enfoque más proactivo. Tampoco vio ningún esfuerzo en el diseño de un programa que enseñara una conducta alternativa (es decir, habilidades de juego independiente o entrenamiento en comunicación funcional). Se informaba de que Gerardo necesitaba ser escoltado por 4 personas para bajarlo del autobús y llevarlo a su clase. Un familiar también le había observado, al recogerlo temprano, sentado solo en el pasillo con las manos amarradas por nudos hechos con las mangas de su hermosa camisa de botones. Gerardo también llegaba a casa con trozos de papel arrugados en los puños, que al parecer, era lo único que le reforzaba según le habían dicho a la mamá. Con todo esto, mamá seguía viendo muchos objetivos recién adquiridos o informes de "objetivos de aprendizaje" logrados durante la semana o el mes. Un día, Gerardo llegó a casa del colegio y mamá se dio cuenta de algo muy extraño. Tenía agujeros en la suela de sus zapatos.

¿Cómo podía ser eso? Acababan de comprar los zapatos, hacía exactamente 2 semanas, confirmó mamá, tras comprobar el calendario. Ella sacó el tema, junto con todos los demás problemas que estaban ocurriendo. Era un misterio para el personal. Nadie podía decirle por qué o dónde o cómo tenía agujeros en las suelas de los zapatos. Tardó mucho tiempo, pero después de que la madre consiguiera un abogado y obtuviera la aprobación para que un consultor independiente acudiera al colegio, consiguió por fin hacerse una idea real de en qué había consistido el día a día de su hijo durante los dos últimos años.

Pasa a la página 214 para saber qué ocurría en el colegio y cómo demonios acabó con esos agujeros en sus zapatos nuevos.

ESTUDIO DE CASO 53:

Las rabietas de Samuel en casa

Karissa E. Masuicca

El siguiente escenario describe la vida en casa con un individuo diagnosticado de autismo desde la perspectiva de un hermano mayor. Se trata de mi intento de reducir los problemas de conducta después de que mi hermano volviera a casa del colegio.

Yo tenía 19 años y mi hermano Samuel tenía 5. Asistía a un aula de inclusión de la escuela infantil pública local. Sus maestros informaron de que era un placer tenerlo en clase, un poco tímido, pero que no mostraba ningún problema de conducta. Me resultaba difícil de creer. ¡Mi hermano era un torbellino en casa! Gritaba, lloraba, daba patadas y golpeaba la puerta de su habitación con tanta fuerza que los cuadros se caían de la pared. Esto ocurría a diario, desde las 16 hasta las 19 de la tarde.

La rutina vespertina de Samuel era diferente según el día. A veces tenía tee ball, otros días natación o montar a caballo. También estaban las sesiones de logopedia, las de terapia ocupacional y algún evento familiar aleatorio. Sabiendo que a veces se ponía ansioso por lo que iba a pasar a continuación y tratando de prepararlo, le decíamos "unos minutos más Samuel, luego vamos al tee ball". Sin embargo, cuando llegaba el momento de la transición, ¡explotaba!

Ve a la página 217 para ver cómo se ayudó a Samuel a aprender a enfrentarse a esas transiciones.

ESTUDIO DE CASO 54:

¡Los elogios no refuerzan la conducta de Carlos!

Nuestro siguiente recuerdo nos lleva a la universidad y a la época dorada en la que se compartía el aprendizaje con algunos de los clínicos más eficaces y dedicados que jamás tendría la suerte de conocer. Bueno, la mayoría de ellos, al menos.

Sin embargo, Cintia estaba teniendo algunas dificultades durante una de sus primeras experiencias de prácticas. Carlos era un chico joven, diagnosticado con autismo, al que enseñaba. El problema era que Carlos se pasaba gran parte de la sesión llorando, realizando conductas que competían con el aprendizaje e intentando salir del entorno de enseñanza. Cintia nos pidió a algunos de nosotros que asistiéramos a una sesión de enseñanza con Carlos, ya que los elogios no reforzaban su conducta, lo que a Cintia le pareció muy interesante e inusual.

La sesión comenzó de forma muy sencilla. Cintia pidió a Carlos que se tocara la cabeza. Él lo hizo tímidamente y Cintia estalló con un sonoro "ese es mi chico" y empezó a achucharle y a jalearle. Carlos empezó a llorar y Cintia se volvió hacia nosotros con una expresión de "¿ves lo que quiero decir?" y una mirada de confusión impotente.

Pasa a la página 218 para ver la explicación de la reacción de Carlos.

ESTUDIO DE CASO 55:

Lilian no puede establecer contacto visual

Es habitual que muchos estudiantes diagnosticados con trastornos del espectro autista tengan dificultades para establecer contacto visual. Muchas personas con estos diagnósticos describen sus propias dificultades con el contacto visual. Algunos describen su dificultad para saber cuándo es apropiado, mientras que otros lo describen como una experiencia aversiva. Por lo que veremos, creo que Lilian entra en la primera categoría. Veamos por qué.

Lilian había estado recibiendo lo que se ha venido llamando "servicios intensivos de ABA en el hogar". El personal que dirigía su programa en casa estaba eligiendo sus objetivos y procedimientos de un libro popular con un capítulo de programas de ejemplo. Un cosquilleo me recorrió, despertando mis sentidos de analista de conducta. Odio eso. Esos debían ser programas de ejemplo y se fotocopian y se exhiben con orgullo como "nuestra programación" en todo el país. No, esa no es "tu programación" y nunca se pretendió que fuera utilizada por todo el mundo y para todos los estudiantes, independientemente de sus necesidades.

En fin, volvamos a nuestra historia. Los padres de Lilian estaban preocupados porque no parecía mantener nunca contacto visual, excepto cuando se estaba ejercitando específicamente el contacto visual. Me senté a observar. Sus padres eran muy precisos dando información. Lilian sólo hacía contacto visual cuando se estaba trabajando esta habilidad explícitamente. En cualquier otro momento tendía a apartar la mirada, incluso si estaba cumpliendo con una petición concreta. Curiosamente, sus padres informaron de lo mismo en relación con un programa de habilidades sociales, el de saludar. Lilian saludaba a los demás durante los ensayos, pero no en situaciones de la vida real ¿Estaba esto relacionado? Tendríamos que observar y ver.

El entrenamiento de contacto visual se realizó como una entidad propia. Se pidió a Lilian "mírame" y se mantuvo el contacto visual en silencio entre ella y el maestro durante un máximo de 10 segundos ininterrumpidos. Después de haberla intimidado con la mirada, le dijo "¡qué bien me has mirado!" y el ensayo terminó. El miembro del personal registró los datos del ensayo en el libro de datos y comenzó otro ensayo.

En la página 219 se explica por qué Lilian sólo mantenía el contacto visual durante los ensayos.

ESTUDIO DE CASO 56:

¿Simón tiene una conducta de evitación, o es un ritual, o... ?

Como ya hemos señalado en repetidas ocasiones, para diseñar buenos planes de tratamiento se necesita un buen análisis funcional. Para ser aún más directos, cualquiera que quiera decirte que puede darte un plan de tratamiento para una conducta de evitación, sin realizar primero un análisis funcional, te está vendiendo algo. Veamos la conducta de Simón. Simón era un adolescente diagnosticado con TGD-NE. Su enseñanza era lenta, ya que tenía grandes dificultades para concentrarse durante las tareas. Presentaba conductas de evitación y se le describía como extremadamente obsesivo-compulsivo. Simón estaba en el rango de discapacidad intelectual severa y, todavía, no se le había enseñado a comunicar eficazmente sus deseos y necesidades. Dependía de ayudas para la mayoría de las actividades de la vida diaria.

Al comienzo del semestre de verano, Simón había empezado a interrumpir las sesiones de enseñanza metiéndose constantemente debajo de su escritorio. A continuación, tocaba los pies o los zapatos de sus maestros y necesitaba ser reconducido constantemente a la tarea. Parecía una conducta de naturaleza ritualista. Se metía debajo del pupitre y luego se sentaba, apretando el pupitre contra su cuerpo y volvía a meterse debajo. Los maestros que trabajaban con Simón no sabían si se trataba de otra conducta de evitación o si era una manifestación nueva de una conducta ritualista anterior, que consistía en tocar varios objetos siguiendo un patrón concreto. Otra teoría expuesta por el personal era que buscaba provocar a sus maestras femeninas, ya que nunca lo hacía cuando había personal masculino con él. Se me pidió que realizara un análisis funcional y que ayudara a determinar un plan de tratamiento. Resultó que la conducta no era ni ritualista ni de evitación ni se hacía con ánimo de provocar.

Pasa a la página 221 para ver una explicación de por qué Simón se metía debajo del escritorio.

ESTUDIO DE CASO 57:

¿Esto es una ecoica?

Dana R. Reinecke

Sin duda, esta maestra estaba acabada. Con el pelo enredado, la voz un poco ronca, marcas de bolígrafo en la ropa y un portapapeles fuertemente agarrado entre sus dedos blancos, dijo: "¡Chico, me alegro de verte!".

Por supuesto, me encantan los saludos entusiastas (aunque nada se acerca al saludo que recibo de mi cachorro, el Sr. Derry). Pero cuando es un miembro del personal con aspecto agotado el que los hace, nunca es una buena señal. Si los maestros, los asistentes o el director (¡vaya!) de los colegios a los que asesoro se alegran de verme, suele significar que quieren que me involucre en algo difícil. Nadie llama nunca al consultor para decirle «¡Todo va genial!».

En este caso, parecía que Alex, un niño de 5 años diagnosticado de autismo, no escuchaba a su maestro de apoyo individualizado, Sandra. Un problema bastante simple pero que podía causar estragos en la jornada escolar. No hizo ni una sola de las cosas que ella le pidió en todo el día, incluyendo colgar su abrigo, sacar sus libros, escribir su nombre, levantar la mano o incluso hacer la fila para volver del patio. No presentaba conductas agresivas, ni rabietas, ni ninguna otra conducta disruptiva. Pero era extremadamente molesto tener a un estudiante en la clase de la escuela infantil que está siempre siendo perseguido, literalmente, por su maestra.

Seguí a Sandra hasta la clase y me quedé en la puerta para observar. La maestra del aula dio una instrucción a la clase: "sacad vuestros lápices de colores». Sandra se inclinó hacia Alex y repitió la instrucción. "Alex, saca tus lápices de colores". Luego la repitió 5 o 6 veces, y añadió variaciones: "¿Qué tienes que hacer? ¿Qué te he pedido que hagas? ¿Dónde están tus lápices de colores? Alex, ¿me estás escuchando?". Juro que la niña que estaba al lado de Alex, que también estaba siendo sometida a este bombardeo, puso los ojos en blanco. Finalmente, Sandra metió la mano en el pupitre de Alex y sacó sus lápices de colores.

¿Qué hizo Alex durante todo este tiempo? No lo sé, pero imagino que estaba viendo un vídeo en su cabeza, a juzgar por su alegre sonrisa y la ocasional frase de película que murmuraba y por el hecho de que parecía no afectarle en absoluto nada de lo que decía Sandra.

A veces las acciones hablan más que las palabras (es una pista). Decidí mostrarle a Sandra cómo solucionar este problema, en lugar de decirle nada.

Pasa a la página 223 para descubrir por qué Alex no escuchaba a su maestra.

ESTUDIO DE CASO 58:

BAÑO LOTTO: Un juego en el que todos ganan

Jeff Samuel

El propósito de esta historia real es dar a los padres un arma más en su arsenal en la batalla contra el autismo. Este arma se llama BAÑO LOTTO. Puede que les ayude a entrenar a sus hijos, al mismo tiempo que motiva y premia a su equipo de maestros. Espero que les proporcione un poco de esperanza y que les cause un poco de risa. Y a todos nos vienen bien ambas cosas.

Cuando mi mujer y yo emprendimos nuestro viaje ABA por el mundo del autismo, ni siquiera sabía deletrear la palabra. Gracias al duro trabajo de mi mujer, pudimos empezar un programa de ABA a tiempo completo en casa, 93 días después de recibir el diagnóstico de nuestro hijo de 3 años y medio. Soy piloto de guerra, así que estoy orientado al desarrollo de objetivos y misiones. Cuando empezamos, uno de los objetivos que nos propusimos fue enseñar a nuestro hijo Dilan a ir al baño. Como para la mayoría de los padres con hijos con autismo, enseñar a ir al baño a nuestros hijos puede ser mucho más difícil, especialmente cuando el programa de ABA que se está implementando es incipiente.

Cuando empezamos nuestro programa en agosto de 2003, nuestro hijo no sabía ir al baño. Ni siquiera estaba cerca de aprenderlo. Eso supone una serie de problemas para la familia y para el equipo. El primero y más importante, el cambiar los pañales con caca. No conozco a mucha gente que disfrute de esa tarea. Como padre que inicia un nuevo programa de ABA, uno debe esforzarse por desarrollar un buen clima de aprendizaje. Si el mayor tesoro y alegría que puedes ofrecer son pequeños y constantes regalos marrones cada media hora, se va a desvirtuar el ambiente de aprendizaje. Por no mencionar el asco que le va a dar a los estudiantes universitarios, que no habrán visto nada tan desagradable en mucho timepo.

Por lo tanto, decidimos hacer del entrenamiento para ir al baño un objetivo prioritario, pero alcanzable dentro de nuestro programa. A nivel conductual, uno de los factores más importantes es proporcionar un reforzador específico para la tarea (ir al orinal) que sea único para esta acción. Los padres y los maestros deben presentarle a su hijo constantemente oportunidades para ir al orinal. Cuando las pequeñas bombas marrones hayan dado en el blanco, el reforzador entregado debe ser INMEDIATO y ASOMBROSO (no confundir con las bombas entregadas con IMPACTO Y MIEDO o de dominio rápido). Tanto si se trata de un donut de gelatina relleno de 690 gramos de grasa, como de saltar en la cama elástica o llevando un bikini en una tormenta de nieve, los padres y los maestros deben entregar el reforzador exclusivo de forma inmediata.

Otro factor clave en el entrenamiento para ir al baño es la consistencia. Tanto los padres como los maestros deben ser coherentes, dentro y fuera de la sesión. Si los padres animan y recompensan constantemente al niño, pero los maestros no siguen el mismo programa, la misión fracasará. Lo contrario también es cierto, ya que los padres no deben esperar que el equipo lo consiga sin su apoyo.

No es de extrañar que descubriéramos rápidamente que a los maestros les gustaba el olor a gusanitos naranjas *Chuck-E-Cheese* del día anterior en los pañales tanto como a los padres. Por lo tanto, necesitábamos una forma de motivarles para que toleraran, e incluso esperaran con ansia, que nuestro chico entregara el paquete en el receptáculo adecuado.

Pasa a la página 225 para ver una descripción del sistema de motivación.

ESTUDIO DE CASO 59:

¡Graduación o fracaso!

Krista C. Bradford

¿Recuerdas a Dilan del Baño Lotto? (véase el caso 58) Cuando sus padres comenzaron su programa intensivo de ABA, tenían dos objetivos en su plan de tratamiento inicial:

1. Conseguir que Dilan aprendiera a ir al baño, y
2. Conseguir que Dilan pasara a preescolar.

¡Metas elevadas para el Gran D y para el equipo D!

Gracias al duro trabajo de Dilan, a muchas noches sin dormir de sus padres y a mucha práctica en solución de problemas con el personal del colegio, consiguió pasar al preescolar en una clase de enseñanza ordinaria con la ayuda de un maestro. Destacó en matemáticas, ortografía, lectura, recreo y almuerzo. Hizo muchos amigos nuevos y era muy popular entre sus compañeros y maestros.

Cuando el año escolar estaba llegando a su fin, llegó el momento de la graduación de la escuela de educación infantil. Hubo gorras, diplomas, cantos y tarta de por medio. Estábamos seguros de que Dilan iba a "meterse de lleno" en el evento y que ir a practicar todos los días durante dos semanas no sería ningún problema.

Recordando una cita de nuestro prólogo, "no es lo que sabes, es lo que no sabes". Estábamos seguros de que no habría ningún problema y en eso nos equivocamos al 100%. A partir del primer día de ensayo, Dilan empezó a gritar al entrar en el gimnasio y se negó a subir al escenario. En un intento por evitar que se repitiera el primer día, el segundo día identificamos los reforzadores con antelación: bolas de queso, caramelos masticables de Starbursts y caramelos Mambas. Eso dio como resultado que se acercara al escenario, pero sin llegar a donde tenía que estar. El tercer día fuimos a lo grande: le hicimos practicar para poder ganarse el subir al ascensor. Este era el mayor reforzador que teníamos... pero, aun así, no quería ensayar.

El quinto día, los maestros del colegio dijeron que Dilan no sería capaz de hacerlo. Intentaron consolar a sus padres señalando que no era necesario que participara en la ceremonia de graduación y que, simplemente, podía terminar en la escuela de educación infantil un día antes que sus compañeros. Los maestros indicaron que sus padres esperaban demasiado y que era evidente que no podía hacer el espectáculo de la graduación. Sus padres habían dedicado toda su existencia a la autonomía y la dignidad de Dilan y, desde luego, ¡no íbamos a renunciar a ello tan fácilmente! Como los compañeros de Jeff en las fuerzas aéreas habían señalado una vez: el fracaso no era una opción.

Pasa a la página 227 para ver la descripción de cuál fue la clave para conseguir que Dilan participase en la graduación.

SOLUCIÓN 1:

La razón por la que una economía de fichas para reducir la agresividad hacia el personal no estaba funcionando

Basándonos en la información proporcionada, hay varias razones posibles por las que el plan inicial de tratamiento de la conducta de Natalia fue ineficaz.

1. En la narración se señala que el maestro sombra y apoyo individualizado de Natalia, era el responsable de adaptar el material de la clase a sus necesidades. Es posible que el maestro no adaptase el material correctamente y que Natalia se mostrara agresiva debido a la frustración de no poder participar con éxito en las actividades de la clase. Además, sus problemas de articulación y su retraso en el lenguaje podrían conducirle fácilmente a la frustración, si Natalia estuviese teniendo problemas para comunicarse eficazmente. Sin embargo, las observaciones no confirmaron esta hipótesis. Natalia era capaz de expresar sus deseos y necesidades y podía participar en las actividades organizadas por el maestro del aula y el maestro sombra.
2. Se observó que Natalia obtuvo un reforzador durante el primer bloque de tiempo, pero no en el segundo. Tal vez se fatigó en la cuarta hora del día. Otra posibilidad es que la motivación se redujera si se sació del ordenador y no se disponía de otro

reforzador eficaz. Las observaciones posteriores, tras las modificaciones en el plan de tratamiento, no apoyaron esta idea.

3. Estamos diciendo que Natalia rara vez consiguió el reforzador hasta que se modificó el plan de tratamiento. Quizás el intervalo de tiempo estipulado para poder ser reforzada de tres horas, era demasiado largo. De hecho, reducir este intervalo fue una de las medidas en el nuevo plan de tratamiento, modificado.
4. El personal respondía verbalmente a la agresión de Natalia. Es posible que esto estuviera reforzando la conducta. Se sugirió que el personal dejara de dar esta respuesta verbal para eliminar la posibilidad de estar reforzando la conducta accidentalmente.
5. A veces, si la agresividad de Natalia aumentaba, se interrumpían las actividades. Esto creaba una contingencia de reforzamiento intermitente en la que se ponía fin a las actividades presuntamente indeseables como respuesta a la agresión. Es decir, Natalia "dejaba de hacer" lo que estaba haciendo y probablemente no disfrutando, pegando a la gente. Esta contingencia tuvimos que reducirla a polvo de forma inmediata.
6. Lo que resultó ser la clave, sin embargo, fue el sistema con el que se le administraba el reforzador. Obsérvese una dificultad particular con el sistema de economía de fichas tal y como se planteó originalmente. A Natalia se le daban 25 fichas y recibía un reforzador si le quedaba alguna al final del intervalo de tres horas.

Con este sistema, la consecuencia (Natalia elige un reforzador de su menú) *es la misma independientemente de si no dio ninguna bofetada, dio una o dio 24*. Además, una vez que se acababan las fichas, no había ninguna razón para abstenerse de pegar. Natalia rara vez terminaba el intervalo de tres horas con alguna ficha restante. Efectivamente, pasaba una gran parte del día sin poder ganarse el reforzador y sin nada que perder por pegar. Todo se había perdido hasta que comenzara el siguiente intervalo.

La clave para que la economía de fichas tuviera éxito, pasaba por modificar la forma en que se entregaban las fichas. En lugar de un sistema en el que perdía las fichas que se le daban de forma no contingente, pasamos a un sistema en el que empezaba sin nada y ganaba fichas por no realizar la conducta objetivo de abofetear (un plan de tratamiento estándar de reforzamiento diferencial de otras conductas, RDO).

Se le entregó el tablero de fichas, sin fichas. Se le dijo que íbamos a poner un temporizador. Si no realizaba la conducta de abofetear antes de que sonara el temporizador, se colocaría una ficha en el tablero. Cuando llenara el tablero, podría cambiarlo por un reforzador de su menú. Si daba alguna bofetada, el temporizador se reiniciaba y Natalia comenzaba inmediatamente un nuevo intervalo durante el cual se podía ganar el reforzador.

Al pasar a este sistema, eliminamos el problema de que pasara largos periodos de tiempo en los que el reforzador no estaba disponible. Ahora, el reforzador estaba siempre disponible y Natalia podía llegar a él más rápidamente si se abstenía de realizar la conducta objetivo. Y lo que es más importante, la consecuencia de no dar ninguna bofetada era ahora drásticamente diferente a la consecuencia de dar 24 bofetadas.

Una vez que se pusieron en práctica las modificaciones sugeridas, las bofetadas de Natalia se redujeron a niveles casi nulos.

SOLUCIÓN 2:

Interpretemos por qué Jaime sólo podía hacer la identificación de colores en casa

El escenario descrito en este capítulo es, por desgracia, demasiado típico. El rendimiento de los alumnos diagnosticados con un trastorno del espectro autista suele caracterizarse por un fenómeno llamado "fracaso en la generalización". Es decir, la persona adquiere una habilidad, pero sólo en circunstancias muy particulares. Alterar, incluso aspectos sutiles de la situación de enseñanza, puede conducir a una notable disminución del rendimiento.

Por supuesto, es posible que el personal del colegio estuviese haciendo algunas cosas incorrectamente. Tal vez, por ejemplo, no hicieron una evaluación de reforzadores adecuada o, tal vez, no estuviesen utilizando los procedimientos de ayuda más eficaces. Otra posibilidad podría haber sido que el personal del colegio no hubiera dedicado el tiempo y el esfuerzo necesarios para condicionarse como reforzadores. Sin embargo, el hecho de que el personal de la casa no fuera capaz de replicar la actuación de la casa mientras estaba en el colegio, argumenta en contra de estas interpretaciones y nos lleva a preguntarnos qué otra cosa podría haber estado en la raíz del fracaso de la generalización.

Un examen de la cinta de vídeo prometida dio la respuesta obvia. La enseñanza en casa se llevó a cabo de tal manera que, de hecho, se le había enseñado a no generalizar.

A. La programación en casa siempre tenía lugar en un pasillo con las mismas sillas, sin distracciones en la pared y sin ruido ambiental.

B. Sólo estaban presentes el maestro y Jaime.

C. Siempre se utilizaron exactamente los mismos trozos de papel como estímulos para el programa de identificación de colores.

D. Se utilizó la misma instrucción, "toca el color", en cada uno de los ensayos.

E. Todos los miembros del personal eran físicamente clones unos de otros.

La enseñanza que se lleva a cabo en circunstancias tan extremadamente reducidas no fomenta la generalización de estímulos. De hecho, dicha enseñanza suele ir en contra de la generalización. Si bien es cierto que en un programa de análisis aplicado de la conducta se especifica a menudo hasta el más mínimo detalle, esos detalles se varían posteriormente, de forma sistemática, para programar y fomentar la generalización de estímulos.

Para programar la generalización de la respuesta de identificación del color, tendríamos que analizar la lista de las variables durante el proceso de enseñanza que nunca se han cambiado y empezar a variarlos sistemáticamente. Por ejemplo, habría que modificar el ambiente de enseñanza. Las instrucciones deberían variar de "toca" a "enséñame", a "dame", a "cuál es"... Los estímulos también tendrían que variarse: tarjetas de colores, lápices de colores, plastilina, los coches de juguete, etc. Incluso la apariencia física del personal podría cambiar, variando sistemáticamente factores como el uso de sombreros o gafas o la presentación de otros miembros del personal como "invitados", que servirían como pruebas de generalización. Habría que agregar gradualmente, la presencia de otros estudiantes en la clase y otras distracciones.

Esta es una de las dificultades más comunes que vemos cuando los estudiantes hacen la transición a los programas escolares o la transición de una escuela a otra. El fracaso en la programación de la generalización es "generalizado". Los programas intensivos, ya sea en los hogares o en las escuelas, suelen enseñar exclusivamente en un formato individualizado. Esta enseñanza tiene lugar siempre en la misma habitación y con las mismas sillas, materiales y otras variables del entorno. Se utilizan una y otra vez los mismos estímulos y las mismas expresiones.

Esto no quiere decir que los alumnos no sean capaces de realizar las habilidades requeridas en estas circunstancias tan limitadas. Sin embargo, esperar que un alumno que ha aprendido en estas circunstancias extremadamente limitadas sea de repente capaz de demostrar las mismas habilidades en un entorno escolar, es una ilusión. Si queremos que las habilidades se generalicen hay que programar la generalización. Por poner un simple ejemplo, ¿crees que un alumno, que sólo se ha sentado rodilla con rodilla con un maestro, será capaz de atender a un maestro de clase situado a seis metros de distancia, al frente de un aula de educación ordinaria? Como aprendí a decir en Irlanda del Norte, tienes dos esperanzas: la de no tener esperanza y la de Bob Hope.

SOLUCIÓN 3:

Por qué María pasaba mucho tiempo en el suelo del aula

Puede haber muchas razones para que un plan de tratamiento sea ineficaz. Sin embargo, este sin número de razones, puede englobarse generalmente en tres categorías:

1. El plan es erróneo: el procedimiento se basa en una evaluación incorrecta, los reforzadores elegidos no son significativos, etc.
2. El plan es correcto, pero no se está llevando a cabo de la forma adecuada: no se ha entrenado al personal con precisión o hay algún cambio o un aspecto vago en el procedimiento.
3. No lo estamos registrando correctamente: los datos no reflejan los elementos clave o se están recogiendo incorrectamente.

En este caso, tenía sospechas sobre el problema antes de conocer a María. Aunque la función de la conducta bien podría haber sido la búsqueda de atención y probablemente lo era, dados los datos que se habían recogido hasta ese momento, el plan de tratamiento no tenía sentido para mí desde el primer momento. En primer lugar, consideremos exactamente lo que se supone que perseguimos al llevar a cabo un plan de extinción. Se supone que la extinción elimina los reforzadores que han seguido previamente a la realización de una conducta determinada.

Consideremos ahora la función propuesta para la conducta en cuestión. Se consideró que buscaba atención y, por lo tanto, un plan de tratamiento adecuado eliminaría la atención por llevar a cabo la conducta inapropiada.

Desde el principio, el plan de tratamiento no logró este objetivo. El reforzamiento en forma de atención no se eliminó. Más bien, la atención se siguió dando, siguiendo un horario determinado. Pensemos en la mecánica del plan. Cada minuto, el personal atendía la conducta preguntándole a María si estaba lista para volver a su sitio. De hecho, este plan de tratamiento era probablemente muy contraproducente, en el sentido de que se estaba proporcionando un reforzamiento intermitente por estar fuera del asiento. Anteriormente ya hemos descrito los peligros de reforzar de forma intermitente una conducta inapropiada y más adelante, describiremos el peligro de no poner la conducta deseada bajo un programa de reforzamiento intermitente. Por el momento, preguntémonos simplemente dónde es más probable que pongamos dinero:

1. En una máquina de refrescos que no da refrescos de forma fiable o
2. En una máquina tragaperras que no está dando dinero de forma fiable

Obviamente no seguiríamos poniendo dinero en una máquina de refrescos que no da refrescos. Está rota. Nuestra "conducta de introducir dinero" está bajo una condición de extinción. No hay reforzamiento (el refresco). Consideremos ahora la máquina tragaperras. No esperamos que nos dé dinero todas las veces. De hecho, nunca sabemos cuándo nos va a dar dinero. Después de una cantidad variable de tiempo y/o de respuestas, llegará un reforzador. Este es, pues, el peligro del reforzamiento intermitente. Cuando el reforzamiento es aleatorio, se crea lo que se llama "resistencia a la extinción". En el caso de María, no sabía cuándo llegaría el reforzamiento por tirarse al suelo, pero seguramente llegaría en algún momento.

Cambiando el procedimiento de extinción para que María no obtuviese atención por levantarse de su asiento y reforzando sistemáticamente intervalos cada vez más largos por estar en su asiento, se resolvió el problema. María aprendió a sentarse y a prestar atención.

SOLUCIÓN 4:

Por qué el tiempo fuera no parecía reducir la agresividad de Roberto

En este ejemplo se nos dan varias pistas sobre la posible génesis de la agresividad de Roberto. En primer lugar, se nos dice que Roberto tiene una conducta agresiva, pero sólo durante las clases de arte. El hecho de que no tenga esa conducta durante ninguna otra clase sugiere que la variable clave podría, con bastante seguridad, estar presente sólo en arte.

Ahora podríamos preguntarnos si Roberto era, de hecho, un buen estudiante de arte. Por desgracia, la triste verdad es que Roberto era horrible en arte. El término "daño cerebral mínimo" que se le diagnosticó al principio de la década de los 70`, se refería a un trastorno de la percepción que no se comprendía bien en aquella época. Este trastorno de la percepción le dificultaba procesar visualmente y reproducir los proyectos de arte que le enseñaba la maestra.

La revisión posterior de las grabaciones sugirieron que Roberto fue objeto de algunas burlas por parte de otros estudiantes, debido a su déficit en su capacidad artística. Para colmo, en uno de los informes se sugirió que sus proyectos de arte eran tan malos que parecía que había tomado ácido. Las grabaciones indicaron que no era cierto.

Al parecer, estas burlas molestaron a Roberto lo suficiente como para que arremetiera contra uno de sus torturadores. El resultado de esta conducta inapropiada por parte de Roberto, sin embargo, debe convertirse ahora en el centro de nuestra investigación. A Roberto se le retiró de las clases de arte y, por tanto, de la amenaza de ser objeto de las crueles burlas. La repentina escalada de su agresividad y el hecho de que luego adoptara una "conducta inapropiada" alternativa de asesinar a las plantas cuando se le bloqueó el acceso a otros estudiantes, apoya esta conjetura. En pocas palabras, hizo lo que fue necesario para librarse de estar en la clase de arte y alejarse de todo lo desagradable asociado a ella. No se sabe, por supuesto, si los humos que se desprendían de las hojas de rexo (multicopista) suponían un reforzamiento adicional.

Este ejemplo pone de manifiesto la dificultad que suele acompañar al uso del tiempo fuera. Si la conducta se realiza por razones de evitación, un procedimiento de tiempo fuera puede ser y será contraproducente. En otras palabras, el procedimiento exacerbará la misma conducta que se pretende disminuir.

Para evitarlo, recuerde siempre el nombre completo del procedimiento, que es "tiempo fuera del reforzamiento positivo". Lo que es inherente al nombre es que se está eliminando el acceso a un reforzador durante un breve período de tiempo contingente a la emisión de una conducta objetivo. Podemos ser aún más precisos especificando el reforzador en el nombre del plan de tratamiento de la conducta, por ejemplo, "tiempo fuera de ver la televisión" o "tiempo fuera de jugar en el ordenador". Por supuesto, esto supone que ver la televisión y/o jugar con el ordenador es un reforzador para el estudiante en cuestión. El tiempo fuera de la clase de arte de Roberto era tan lógico como ponerle un tiempo fuera de esos programas de televisión en los que la gente adula a los cantantes, atletas y actores y comentan sus opiniones sobre asuntos políticos, medioambientales y sociales (siendo ésta otra actividad que para Roberto era... ¡Hmm!, aversiva).

Un análisis funcional es una herramienta sistemática para determinar cuáles son las variables que mantienen la conducta. Variamos las condiciones sistemáticamente para determinar en qué condiciones la conducta se vuelve más y menos probable. A partir de estos análisis, podemos deducir una función y diseñar planes de tratamiento en consecuencia.

Observemos que Roberto estaba protagonizando una agresión que aumentaba a medida que se le permitía evitar el arte. Este aumento debería haber sido una advertencia de que la función de la conducta era la evitación y que, permitirle evitarla a través de la conducta, sólo aumentaría su probabilidad futura. Esta advertencia no se quiso escuchar y, por lo tanto, se produjo el caos.

Siempre debemos tener cuidado con las políticas generales de intervención en materia de conducta (por ejemplo, "quien muerda será expulsado de la clase e irá al despacho del director"). ¿Y si la función de la conducta es escapar de la clase? Podemos deducir las implicaciones. Llevar a cabo un procedimiento de modificación de la conducta sin realizar primero un análisis funcional es, en el mejor de los casos, disparar a ciegas. En la mayoría de los casos, es una receta para cocinar desastres.

SOLUCIÓN 5:

Cómo interpretar los casos de tocamientos socialmente inapropiados

Mirando hacia atrás, nos encontramos con lo que, a primera vista, podría parecer una situación inexplicable. A Laureano se le ha enseñado a pedir permiso antes de tocar a las mujeres del personal. A pesar de ello, vimos múltiples casos de tocamientos inapropiados desde el punto de vista cultural. Para ser honestos en nuestro discurso, también vimos lo que parecían ser tocamientos consentidos. Sin embargo, como se dijo al principio, también nos enfrentamos al desagradable hecho de que se habían presentado cargos penales. Hay al menos dos explicaciones posibles y obvias. Ambas tendrían que abordarse para evitar la amenaza de una escalada que podría haber puesto en peligro no solo el futuro educativo de Laureano, sino también su libertad personal.

La primera explicación y la más obvia, es que tenemos un problema muy grave de incoherencia en la conducta del personal. El contacto físico se permitió en algunas ocasiones (por ejemplo, en el paseo por el pasillo o en las sesiones de terapia ocupacional). Este reforzamiento intermitente podría ser suficiente para explicar los continuos intentos de contacto físico. Había que tomar una decisión. O el contacto físico era apropiado y aceptable o no lo era. El personal parecía atenerse a una norma incoherente, una práctica peligrosa en cualquier circunstancia.

En segundo lugar y quizá no tan obvio, estaba el requisito de que Laureano pidiera permiso antes de iniciar el contacto físico. Como se dijo durante la descripción del programa, Laureano adquirió mucha fluidez a la hora de pedir permiso. Sin embargo, lo que no se señaló y que fue crucial, fue que Laureano carecía de una habilidad relacionada, pero muy distinta. Esa habilidad consistía en esperar hasta obtener una respuesta a su petición y actuar de acuerdo con esa respuesta. En otras palabras, Laureano simplemente pedía permiso y luego tocaba a la maestra, sin esperar primero una respuesta a su petición. Tenía que aprender a esperar la respuesta y actuar en consecuencia.

La actualización del plan de tratamiento de modificación de la conducta era, por lo tanto, doble. En primer lugar, y de forma urgente, se tomó la decisión administrativa de que el contacto físico excesivo entre el personal y el estudiante era inapropiado y ya no se permitiría. Aunque algunas personas pueden pensar que esto es excesivamente draconiano, lo mantengo. Laureano era un adolescente. Los adolescentes de desarrollo típico no caminan por el pasillo abrazando a sus maestros. Yo diría que el personal estaba participando, inadvertidamente, en una infantilización bastante inapropiada. Se estaba tratando a Laureano, no como el joven que era, sino de forma involuntariamente irrespetuosa, como si fuera un niño pequeño. Esta evaluación y decisión me llevó a un enfrentamiento bastante desagradable con la terapeuta ocupacional, que me informó de que yo no entendía por qué Laureano necesitaba la presión física que ella le proporcionaba en la terapia. En un intento de poner fin a la discusión, simplemente le pedí que encontrara una fuente alternativa para hacer presión que no fuera su cuerpo. Vuelvo a argumentar que ella no habría hecho eso con un adolescente de desarrollo típico y Laureano merecía la misma consideración. Especialmente con un estudiante que tiene dificultades para entender las reglas sociales, consideré que el programa de la terapeuta ocupacional era peligroso (como mínimo).

El programa de "pedir permiso" se modificó. Confieso que fantaseaba con preguntarle al psicólogo del colegio si quería que le golpeara con mi bastón de defensa Blackthorn mientras, simultáneamente, le golpeaba en la cabeza antes de que tuviera la oportunidad de responder. Lo que había ocurrido con Laureano fue exactamente lo mismo. Le habían enseñado a pedir permiso, sin embargo, no le habían enseñado a esperar la respuesta.

Perdonadme mis deseos algo inmaduros de ilustrar visualmente mi problema con el plan de tratamiento. Se trata de una frustración creada al ver que este tipo de cosas suceden una y otra vez, en las que la incomodidad de los clínicos, el infantilismo y su incapacidad de apreciar que muchas personas con trastornos del neurodesarrollo tienen los mismos deseos sexuales que todos los demás, han creado situaciones verdaderamente aterradoras para todos los implicados. Como digo a menudo en la formación de personal, "estamos en esto 24/7". Estamos implicados en un proceso educativo que abarca todas las actividades de la vida de un individuo, no sólo aquellas con las que nos sentimos personalmente cómodos. Pude trabajar con Laureano, su familia y el fiscal del distrito para evitar ramificaciones legales desastrosas. Otras personas, no más culpables que Laureano, no han tenido tanta suerte.

Si se me permite seguir explayándome en esto, las semillas problemáticas se habían sembrado hace años. El hecho de no haber abordado nunca temas de sexualidad, dejaron a Laureano sin las habilidades necesarias para enfrentarse a la adolescencia y a sus muchas dificultades. Laureano se encontraba inmerso en un problema muy serio y yo me encontraba en el papel de explicar la naturaleza de la discapacidad de Laureano a un fiscal de distrito bastante abusivo, desde mi punto de vista. El encarcelamiento no era la solución. Lo que se necesitaba era una educación más intensiva y unos planes mejores de modificación de conducta. Afortunadamente, el fiscal accedió a considerar estas alternativas educativas y de modificación de conducta al encarcelamiento.

Para una lectura más en profundidad, puedes buscar en nuestras referencias y lecturas sugeridas los relatos personales de Wendy Lawson y Jerry y Mary Newport, así como un manual de enseñanza para jóvenes de Mary Wrobel.

SOLUCIÓN 6:

Por qué las tarjetas de descanso para reducir la agresividad no dieron resultado

El sistema de tarjetas de descanso se basa en la idea de la "equivalencia funcional". Se asume que el individuo está intentando comunicar una necesidad (en este caso la necesidad de tomarse un descanso de la tarea), a través de alguna conducta que se considera culturalmente inapropiada. La idea que subyace al plan de tratamiento es la de proporcionar una forma más apropiada, desde el punto de vista social, para satisfacer la necesidad. En este ejemplo, con la intervención se intenta sustituir la conducta de agresión por la presentación de una tarjeta que especifica la petición de tomarse un descanso.

El plan en sí es excelente. Sin embargo, en este caso, el uso de una tarjeta como medio de comunicación es una elección cuestionable. Observé que me uní a Ismael para un dúo de *Moving Right Along* (yo era Fozzie, por cierto). ¿Alguien que puede cantar una canción de tres minutos como la Rana Gustavo necesitaba un estímulo escrito? ¿Podría haber solicitado el descanso pidiéndolo, simplemente, de forma vocal? Tal vez. Aunque la capacidad de cantar una canción no garantiza que el individuo pueda solicitar vocalmente una pausa (hacer un mando), al menos debería explorarse. Yo creía que Ismail era muy capaz de hacer tal petición, creencia que se confirmó más tarde.

Dejando de lado esta consideración, el verdadero peligro estaba, obviamente, en el sistema que se había establecido. Consideremos la forma en que se estaba utilizando la tarjeta de descanso:

1. Si el estudiante utiliza la tarjeta de forma tranquila, sé que no necesita realmente el descanso. Es una conducta de evitación y no voy a atender la petición.
2. Si el estudiante se muestra agitado y agresivo mientras la utiliza, sé que realmente necesita el descanso y respetaré la petición.

En lo que a mí respecta, esto supone una apuesta bastante peligrosa. Estaban apostando a que la conducta de Ismael no se iba a ver moldeada por esta contingencia. Las peticiones que se hacen cuando el estudiante está tranquilo, se extinguen. Mientras que las que se hacen con conductas de agitación y agresividad, se refuerzan. La agresividad ya no parecía un misterio.

Señalé esta dificultad al psicólogo del colegio, que estuvo de acuerdo conmigo en que era un problema potencial. De hecho, era uno de los problemas que habían previsto cuando se redactó el plan. Sin embargo, todos los miembros del personal se sentían cómodos en la distinción y estaban seguros de poder usar el plan con éxito, sin moldear la conducta agresiva. Fue todo lo que pude hacer para no utilizar una vez más la frase: "¿Y cómo te está funcionando esto?".

Sin embargo, ante la insistencia de la familia de Ismael, el plan se modificó. Se reforzaron las peticiones tranquilas, pero no las agitadas. La agresividad de Ismael se redujo. Para evitar el peligro de que utilizara la tarjeta como conducta de evitación, una vez que la conducta se redujo, se incorporó un criterio de tiempo. En otras palabras, Ismael podía solicitar el descanso después de que se completara una pequeña parte de la tarea en cuestión (normalmente de cinco a diez segundos al principio, y luego unos segundos más) y la petición se cumplía. Al asegurarse de que la tarea continuaba durante un poco más de tiempo, la conducta de pedir un descanso no llegaba a funcionar como una respuesta de evitación, ya que no permitía escapar de forma inmediata. El sistema de la tarjeta de descanso volvió a ser lo que intentaba ser desde el principio, una respuesta funcionalmente equivalente. Posteriormente, se pasó a un sistema puramente oral y la tarjeta se desvaneció.

SOLUCIÓN 7:

Por qué persistía la conducta autolesiva

La autolesión de Carlos no debería plantear mucho misterio y debería recordar al lector el objetivo de tratamiento de equivalencia funcional de la "tarjeta de descanso" descrito en el estudio de caso 6. En este ejemplo, sin embargo, la conducta funcionalmente equivalente que Carlos había aprendido era la autolesión. Estaba sustituyendo a una conducta socialmente más apropiada (por ejemplo, una petición verbal de permanecer junto a la ventana). Tengamos en cuenta que la conducta que se está solicitando se puede considerar como peligrosa en sí misma, pero este punto no es el que discutimos aquí. Lo que nos preocupa es el medio por el que se lograron los objetivos de Carlos.

Estaba en vigor una contingencia conductual directa. Dado que no tenía ninguna otra forma de pedir, Carlos protestó mediante los golpes en la cabeza descritos anteriormente, porque se le diera ayuda para alejarse de la ventana. El personal, por desgracia, reforzó la conducta de golpearse permitiéndole permanecer cerca de la ventana. Lo que presentamos aquí es un ejemplo clásico de reforzamiento negativo.

El reforzamiento negativo es, probablemente, el término peor utilizado en todo el análisis aplicado de conducta. Se suele confundir con el castigo (una consecuencia que sirve para reducir la probabilidad de una conducta). El reforzamiento negativo aumenta la probabilidad futura de la conducta a la que sigue. Lo que distingue el reforzamiento negativo del positivo, es que el primero aumenta la probabilidad de la conducta mediante la eliminación contingente de un estímulo. En este caso, la conducta en cuestión (golpearse la cabeza) estaba siendo reforzada por la retirada de un estímulo aversivo (la petición de alejarse de la ventana).

Por suerte o por desgracia, Simón tenía patrones de conducta similares y las reacciones del personal eran también similares. Cuando se describieron las contingencias aplicadas a Simón y se redactaron los nuevos planes de tratamiento, el personal vio el paralelismo con la conducta de Carlos. Cuando observaron una rápida mejora de la conducta de Simón, al dejar de reforzar negativamente su conducta y reemplazarla por formas más apropiadas desde el punto de vista social, para que pudiera satisfacer sus necesidades, se encargaron de probar planes similares con Carlos. Felizmente, los planes tuvieron el mismo éxito y se eliminaron las autolesiones (como se observó informalmente durante las visitas de seguimiento de Simón).

SOLUCIÓN 8:

Por qué persistía la evitación de tareas

Esta era, por supuesto, una situación muy frustrante para la madre y el padre de Alan. Las transiciones no eran fáciles para Alan ni para ellos. El hecho de que su conducta fuera bastante adecuada durante un tiempo y luego cambiara de forma tan drástica, era frustrante para todos.

Naturalmente, hay varios factores que podríamos tener en cuenta. Observemos que se ha dicho que el personal se puso al lado de Alan, ofreciéndole reforzadores si se levantaba o regañándole para que lo hiciera. Esto sugiere varias posibilidades. Una muy directa es que no tuvieran ningún reforzador real dentro de sus planes de modificación de conducta. Si los materiales disponibles no fueran reforzantes, Alan no estaría motivado para comportarse adecuadamente para conseguirlos y su problema de conducta no nos sorprendería. Se necesitarían reforzadores más fuertes y éstos tendrían que utilizarse de forma adecuada (véase más adelante).

Existe otra posibilidad. Ésta es un poco más sutil, pero en realidad es más común de lo que podríamos suponer. Tengamos en cuenta que el personal ofrecía reforzadores o regañinas mientras Alan estaba en el suelo. Por lo tanto, existe una posibilidad más que plausible de que el personal estuviera reforzando accidentalmente la conducta: "realiza la conducta para que podamos ofrecerte un reforzador para calmarte". Estaban olvidando la máxima clásica de "pillarles portándose bien" y, en su lugar, estaban reaccionando a la conducta inapropiada. La solución aquí es, obviamente, ofrecer reforzadores sólo cuando Alan se comportase adecuadamente y no cuando estuviera en el suelo. Esto invertiría las contingencias y extinguiría la conducta inapropiada, al tiempo que reforzaría una conducta más deseable.

La otra cuestión es que el programa de RDO no se parecía en nada a lo que debería ser un programa de RDO. Un programa de reforzamiento diferencial de otras conductas debería reforzar la ausencia total de una conducta objetivo. Si el individuo no realiza la conducta en cuestión durante un intervalo de tiempo determinado, debería recibir un reforzador (y un reforzador potente, además). Si el individuo realiza la conducta, el temporizador para el intervalo debe reiniciarse.

Este reinicio es de crucial importancia. Consideremos las implicaciones de que la persona que lleva a cabo el plan de RDO no reinicia el temporizador si la conducta se produce durante el intervalo. El intervalo transcurrirá y no obtendré un reforzador, basado en algo que hice que, posiblemente, estaba al principio del intervalo y, por lo tanto, bastante alejado en el tiempo. Esto podría confundirme en cuanto a porqué no gané un reforzador. Alternativamente, podría darme cuenta del problema: al principio de un intervalo podría realizar la conducta problema (por ejemplo, golpear a otra persona). Por lo tanto, no obtendré un reforzador en este intervalo ¿cuál es mi incentivo para no seguir golpeando a la otra persona durante el resto del intervalo? Ya he perdido el reforzador. No importa si le pego una o 10.000 veces durante el intervalo. Mientras lo haya hecho una vez, mi oportunidad de ser reforzado se ha perdido. No tengo ningún incentivo para "mantener la calma".

Evidentemente, nada de lo anteriormente descrito se estaba teniendo en cuenta en el programa de RDO que el personal estaba intentando poner en marcha. En lugar de eso, estaban haciendo un juicio de valor: "si su conducta es lo suficientemente buena durante los 30 minutos para ganarse el reforzador". Como se ha descrito, Alan se comportaba de forma inapropiada durante los primeros 25 minutos de intervalo y luego se comportaba de forma "bastante" adecuada durante los últimos cinco minutos. El personal quería reforzar estos periodos de conducta adecuada, lo cual era comprensible. El problema, sin embargo, era obvio. Si obtiene el reforzador en función de la conducta de los últimos cinco minutos ¿cuál es el incentivo para mantener la conducta apropiada durante los primeros 25 minutos? La respuesta, por supuesto, es ninguno. Teniendo esto en cuenta, el intervalo de 30 minutos también era probablemente demasiado largo para empezar.

La solución tenía múltiples componentes:

1. Reducir significativamente el intervalo
2. Reiniciar el temporizador si se producía la conducta objetivo
3. Disponer de reforzadores más potentes
4. Evitar interacciones potencialmente reforzantes cuando Alan estaba en el suelo o evitando y reforzar los momentos en los que se producía una conducta más apropiada.

SOLUCIÓN 9:

Por qué los datos A-B-C no estaban revelando la información necesaria

En este caso tenemos una multitud de problemas. La estructura del aula era tal, que los problemas de conducta estaban casi asegurados debido a la falta de estructura y al suministro constante de reforzadores no contingentes. Las pocas exigencias que se hacían contrastaban tanto con el resto del día, que estaban destinadas a ser recibidas con resistencia.

Sin embargo, esa no es la cuestión que nos ocupa. La cuestión a la que nos enfrentábamos en este estudio de caso era la razón por la que los datos A-B-C no revelaban la función de la conducta. Eso, sin embargo, es relativamente fácil. Se estaba cometiendo un error clásico.

Cuando se recogen estos datos de observación, la idea es ser como una cámara de vídeo. Hay que hacer observaciones y registrarlas con el mayor detalle posible, pero no hay que hacer interpretaciones. En algún momento posterior, se analizarán todas las observaciones objetivas y se discernirán los patrones. Cuanto más puras sean las observaciones, cuanto menos se contamine con interpretaciones, mejor será la información con la que trabajaremos.

En este caso, sin embargo, las interpretaciones se hacían sobre la marcha. Cada individuo que observaba la conducta hacía una interpretación a medida que se registraban los datos, que contaminaba irremediablemente la objetividad. Para evaluar sólo el ejemplo que hemos considerado, puede darse el caso de que Jaime estuviera molesto porque esperaba una actividad y en su lugar encontró otra. Esa es una posibilidad. Sin embargo, también se observó que otro alumno estaba llorando a gritos en la mesa. Es totalmente posible, por tanto, que la conducta fuera una reacción al llanto. Se podría considerar una tercera posibilidad, que ni el llanto ni la actividad fueran el problema. Tal vez la conducta se debiera simplemente a que se le había interrumpido de su actividad de columpiarse. Probablemente, podríamos especular con otras diez hipótesis plausibles en menos de cinco minutos. Sin embargo, esas ideas sólo serían eso, especulaciones. Sólo cuando registramos los datos de una manera más objetiva y hacemos interpretaciones a partir de estos datos, tenemos la esperanza de desarrollar hipótesis más sólidas.

SOLUCIÓN 10:

Por qué la economía de fichas no estaba funcionando

La programación de Ramón había llegado claramente a un punto muerto. Intentar poner en marcha un programa para aumentar la obediencia era una muy buena idea. Por desgracia, el salto entre la idea y la ejecución de ésta no funcionó.

Había varios problemas con la economía de fichas. En primer lugar, probablemente el criterio de respuesta para el intercambio de fichas era demasiado grande. Con un nivel de obediencia tan bajo, exigir cinco fichas era probablemente demasiado estricto. Podría argumentar que era necesario exigir menos fichas, o quizás incluso, dejar de lado la economía de fichas y empezar por un sistema de reforzamiento más inmediato.

Y lo que es más grave, el uso incorrecto que se hacía de la economía de fichas estaba debilitando su poder. Dar paseos e ir en el carrito eran reforzadores potentes. Por lo tanto, la psicóloga del colegio había especificado que eran actividades que podían ganarse en la economía de fichas. A pesar de ello, el personal daba paseos o usaba el carrito con Ramón muchas veces durante el día de forma no contingente. Era probable que estuviese saciado del reforzador o, como mínimo, Ramón estaba poco motivado para ganarse estas actividades con la economía de fichas cuando eran tan fáciles de conseguir de forma no contingente.

A título personal informé a la psicóloga del colegio de que la situación no era realmente culpa suya. Una discusión con la administración reveló que se le había dado una carga de casos que las cinco mejores personas que he conocido no podrían haber manejado. Era responsable de los programas de modificación de conducta en un gran número de aulas, residencias y programas de formación profesional. El mayor misterio de todos es que siguiera viva y que no tuviese conductas autolesivas.

SOLUCIÓN 11:

Por qué Juana no podía encontrar los lápices de colores

Es posible que la frase final en la descripción de nuestro escenario del caso te haya parecido un poco desconcertante. En la descripción señalé que los lápices de colores estaban colocados sobre la mesa junto con los demás objetos. Sin embargo, nuestro capítulo terminaba con la afirmación, aparentemente contradictoria, de que "los lápices de colores no estaban sobre la mesa". Bueno, ¿estaban o no estaban? La respuesta es sí y no.

Examinemos detenidamente la lista de los distintos estímulos. Notará algo único sobre los lápices de colores. En contraste con todos los demás estímulos, estaban en una caja. En otras palabras, no había lápices de colores en la mesa, sino una caja de lápices de colores.

Este es un desafortunado ejemplo clásico de asumir que el individuo "sabe lo que quieres decir". Sin embargo, cuando se interactúa con personas que pueden tener algún trastorno del lenguaje, es peligroso asumir que la persona "sabe lo que quieres decir". Los maestros nunca dijeron "dame la caja de lápices de colores", sino "dame los lápices de colores". Todos nosotros sabemos que el significado era que se debía indicar la caja de lápices, pero eso no era lo que se pedía y, por tanto, conllevó a desarrollar una respuesta aleatoria.

Por favor, recordemos que no debemos suponer nada. Es totalmente posible que Juana no supiera que la caja contenía lápices de colores. Todos los demás objetos se colocaron en la mesa sin sus cajas. Incluso el puzle estaba montado encima de la mesa, no era una caja con el puzle dentro y desarmado.

Cuando se sugirió la posible solución al problema, el personal reaccionó al principio con una combinación de "¿cómo se nos ha podido pasar eso?" y "¿es posible que sea eso?". La última autoridad, los datos empíricos, resolvieron la cuestión. Sacar los lápices de colores de la caja y hacer la misma petición resolvió el problema de inmediato.

Recordemos este dilema la próxima vez que alguien nos pregunte "¿sabe qué hora es?". Es una pregunta tipo sí/no ¿correcto? Pero probemos a responder como tal y veamos qué reacción obtenemos de la persona que nos preguntó.

"¿Sabe qué hora es?"

"Sí, lo sé".

Se producirá un silencio incómodo o tal vez nos lancen un proyectil a la cabeza. La persona que nos ha preguntado no quería saber si sabíamos la hora, quería que le dijéramos qué hora era. Entonces, ¿por qué no lo preguntó directamente?

SOLUCIÓN 12:

Interpretación de por qué Pablo no seguía instrucciones

Este es otro de los pocos casos prácticos en los que tendremos que confiar en San Dunstan, el gentil maestro al que los escolares pedían que les salvara de los maestros más severos y tener fe en que hemos resuelto el problema. A pesar de que se explicaron los problemas y se crearon planes de tratamiento alternativos, el personal estaba poco dispuesto o no pudo cambiar lo que estaba haciendo. Tendremos que trabajar con lo que tenemos.

Lo que tenemos es un fallo total del sistema. Observemos que nunca se describió ningún reforzador para una conducta adecuada. Hubo algunos momentos en los que Pablo sí participó en las actividades escolares. Estos momentos fueron simplemente aceptados, pero no se reforzaron. El proverbio "atrápenlos siendo buenos" no estaba aparentemente en vigor. Las únicas palabras que oí dirigidas a Pablo fueron instrucciones de que realizara determinadas conductas y amenazas de consecuencias si no hacía lo que se le decía. Esto plantea una posibilidad real de que la desobediencia pudiera haber sido reforzada, accidentalmente, por la atención.

Y lo que es igualmente grave, el personal se estaba desprestigiando a sí mismo con su propia conducta. No cumplían las consecuencias prometidas. Cuando uno hace una promesa sobre una consecuencia determinada y luego no la proporciona, ha dañado gravemente su credibilidad. Para decirlo en términos más sencillos, si no cumples con una consecuencia que me has prometido, ¿por qué debería creerte la próxima vez, cuando me digas cuál será la consecuencia de una conducta? En resumen, ¡no lo digas si no lo va a hacer!

SOLUCIÓN 13:

Por qué el entrenamiento de José para ir al baño estaba estancado

Permíteme empezar con lo que pensé, pero no dije, cuando me contaron el accidente de José de orinar en el bolso de su madre: "No hay manera, en las verdes Tierras de Dios, de que una conducta así pueda clasificarse, siquiera vagamente, como un accidente". El hecho de que alguien baje un bolso de una estantería, lo abra, saque su pene de los pantalones y orine dentro... parece un acto deliberado.

Dicho esto, tendríamos que considerar la posibilidad de que los "accidentes" de micción hubieran adquirido propiedades reforzantes, probablemente cumpliendo una función de búsqueda de atención. El hecho de que hubiera orinado en el bolso delante de su madre apoya esta idea. Los comentarios sobre los problemas que estaban teniendo para seguir el horario, también apoyaban esta afirmación. Como los accidentes de ir al baño tienden a dar atención de forma inevitable durante el proceso de limpieza, ésta es una función común para dicha conducta. La solución en este caso fue tener cuidado de mantener el horario y tratar de minimizar cualquier reacción con función de reforzamiento que pudiera derivarse de los accidentes. Si era necesario cambiar a José, se hacía con un mínimo de conversación. Se entrenó masivamente a toda la familia para "pillarle siendo bueno" en lo que se refiere a ir al baño y se les dieron temporizadores para ayudarles a mantener el horario.

No subestimemos nunca el grado en que las respuestas a la conducta pueden crear rituales o ser reforzantes por accidente. Una vez me sorprendió escuchar que un estudiante en edad escolar tenía accidentes intestinales en casa. Nunca había mostrado tales problemas mientras estaba en el colegio.

Una discusión posterior con la familia clarificó que su padre y él (con más de 50 kilos), jugaban a un juego de palabras encima del cambiador. El estudiante podría estar teniendo los "accidentes" deliberadamente, para provocar la situación del cambiador. Al sugerirles que cambiaran el juego a otro lugar, se eliminaron los accidentes intestinales.

SOLUCIÓN 14:

Por qué el entrenamiento para ir al baño de Eugene estaba moldeando conductas agresivas

Fue interesante observar que los problemas principales, según la administración o el personal que trabajaba directamente con el alumno, eran diferentes. Para el personal, la desobediencia, a menudo expresada en modo de agresión, era la cuestión clave. Para el personal administrativo, la falta de entrenamiento para ir al baño se consideraba aparentemente una vergüenza y requería una intervención. Como finalmente dedujimos, los dos problemas estaban entrelazados. El entrenamiento para ir al baño era sólo una pieza de un problema mucho más grande, que estaba relacionado con el manejo de la conducta y con el diseño del aula.

Se observó que el ordenador estaba separado del resto de la habitación por un biombo. Eugene tenía acceso al ordenador con poca frecuencia, por lo que intentaba colarse siempre que podía. El hecho de que el ordenador estuviera en el pasillo que lleva al baño, resultó ser una tentación demasiado grande. Desarrollamos un plan de acción que le permitiera el acceso al ordenador de acuerdo con un sistema de modificación de conducta basado en un RDO. De hecho, la saciedad del ordenador acabó por imponerse antes de que pudiéramos utilizarlo para reforzar el uso del baño (como era mi plan original).

Más importante que las cuestiones arquitectónicas o de acceso al ordenador, era la cuestión de una relación directa entre la conducta y el reforzador. Te habrás dado cuenta de que Eugene protagonizó la agresión como respuesta a la ayuda para ir al baño. Esa agresión fue seguida por la posibilidad de permanecer en el ordenador. En otras palabras, se estaba reforzando la agresión y había que poner en marcha un procedimiento de extinción. En lugar de intervenir físicamente con Eugene, la extinción adoptó la forma de desenchufar el ordenador desde la distancia.

Recordemos que la extinción significa, simplemente, eliminar el reforzador que sigue a una conducta determinada. En este caso, la agresión iba seguida por la posibilidad de continuar jugando al ordenador y este fue sólo un ejemplo de las contingencias que se aplican en el aula. La desobediencia, a veces en forma de agresión, conducía a la continuación de la actividad reforzante que Eugene había elegido. Hubo que poner en marcha un programa de generalización de la extinción de la conducta de desobediencia, en el que la variable operativa era la eliminación de cualquier actividad en la que Eugene estuviera involucrado cuando llegaba el momento de terminar dicha actividad. Por supuesto, también se pusieron en marcha potentes reforzadores para la conducta de obediencia. Por lo general, el plan se desarrollaba así: si Eugene seguía la instrucción de detener una actividad en un plazo de 5 segundos, se le proporcionaba un reforzador potente (a menudo una actividad). El incumplimiento de la instrucción iba seguido de la terminación inmediata de la actividad reforzante y se volvía a una actividad menos reforzante.

Hay que tener en cuenta que los procedimientos de extinción suelen ir seguidos de un fenómeno conocido como pico de extinción. Dicho brevemente, esto se refiere a la tendencia fiable del empeoramiento de la conducta antes de mejorar. Durante el pico de extinción, la conducta generalmente aumenta temporalmente en frecuencia, magnitud y variabilidad. Por supuesto, es crucial planificar el pico de la extinción. Si una conducta puede "estallar" hasta un punto que sea imposible de ignorar, en realidad empeorará mucho la conducta. Pensémoslo así: golpearme la cabeza con la mano no conduce a la retirada de las peticiones. Pero golpearme la cabeza contra una mesa, sí tiene este efecto ¿Qué crees que haré en el futuro? Por supuesto, golpearme la cabeza contra la mesa será más probable. No se puede extinguir la conducta de "fugarse" de un estudiante que corre hacia la carretera. Simplemente, el pico de extinción es demasiado peligroso para ignorarlo. Por lo tanto, hay que tener mucho cuidado al considerar un plan de extinción. Si no es seguro trabajar a causa del posible pico de extinción, un plan de extinción probablemente no sea el procedimiento de modificación de conducta más adecuado en ese caso.

SOLUCIÓN 15:

Interpretación de por qué la economía de fichas de Lorena estaba tan muerta como Julio César

Empecemos por esto: NUNCA, bajo pena de castigos aversivos extremos, digas que alguien no responde al reforzamiento. Eso es similar a decir que alguien no responde a las leyes de la gravedad. Como hemos discutido, el reforzamiento significa que una conducta dada aumenta su probabilidad futura, por el hecho de haber entregado una consecuencia particular. Si la conducta no aumenta en probabilidad, no hubo reforzamiento. El hecho de que se haya entregado una consecuencia no significa que se haya entregado un reforzador. ¿Se ha aumentado alguna vez la probabilidad de alguna conducta del individuo? ¿Fue como resultado de alguna consecuencia natural o de algo que se le entregó? Si es así, la persona responde al reforzamiento.

Dicho esto, ¿qué es lo que fallaba en el sistema de reforzamiento de la clase? La pista vino cuando se describió el procedimiento. La maestra seleccionaba una actividad que iba a servir de reforzador. No se describía el papel de Lorena en la elección del reforzador que se iba a ganar. No se describía porque nunca ocurrió. La maestra se limitó a seleccionar algunas actividades que consideraba que serían reforzantes. La conducta de Lorena indicaba que las impresiones de la maestra respecto a lo que sería reforzante, no coincidían con sus reforzadores reales. Tal vez, una mayor comunicación con los "chicos" que antes trabajaban con Lorena en el programa de casa, podría haber ayudado. Empezamos a resucitar el programa de economía de fichas.

Se reinstituyó una lista de reforzadores. Se tomaron nuevas fotos y se convirtieron en puzles de reforzadores muy simpáticos. Se le pidió a Lorena que eligiera lo que quería ganar antes del comienzo de los programas de enseñanza.

Se empezaron a ver progresos con los programas de enseñanza. Lorena empezó a responder repentinamente al reforzamiento.

SOLUCIÓN 16:

Por qué Guillermo salía corriendo de la habitación

Debería comenzar este capítulo con una cita directa del psicólogo del colegio: "¡Ese no es el plan que escribí!" Menos mal. Me estaba preocupando.

Aquí tenemos un montón de problemas revueltos. El primero, es el hecho de que el personal clínico esté sobrecargado. Se puede poner en marcha un programa estupendo, pero si el personal clínico no está disponible para asegurarse de que el programa se lleve a cabo correctamente y para supervisar el progreso, con el fin de ajustar el programa si es necesario, estamos perdidos.

Dicho esto, consideremos el problema aquí presentado. El plan que escribió el psicólogo del colegio implicaba, efectivamente, presentarle opciones a Guillermo. Existe una excelente bibliografía que describe los efectos beneficiosos de ofrecer opciones a los alumnos y el efecto que tiene elegir entre dichas opciones sobre la conducta objetivo (por ejemplo, Newman, Needelman, Reinecke y Robek, 2002). Sin embargo, el plan, tal y como estaba escrito, consistía en proporcionar opciones a Guillermo antes de que realizara cualquier conducta inadaptada. Las opciones debían proporcionarse de acuerdo con nuestra antigua estrategia de "pillar al alumno siendo bueno", ¡no como respuesta a una conducta inadecuada!

Lo que tenemos aquí, por desgracia, es la "unión" de realizar una conducta inadaptada de agitación y la posterior recepción de un reforzador por calmarse. Sin embargo, en este caso adoptó una forma especialmente difícil. Al no haber entendido el plan, el personal no utilizaba el plan de tratamiento hasta que Guillermo salía corriendo ("se daba a la fuga").

Guillermo no podía acceder a las actividades de reforzamiento si no se escapaba primero.

Por lo tanto, nuestra solución era doble. Obviamente, se modificó cuándo y por qué se proporcionaba la elección de actividades. Esto se haría al principio de las actividades y como reforzador de las actividades menos atractivas que se habían completado con éxito. También se hicieron cambios para que las actividades en la propia clase fueran más reforzantes. Después de todo, ¡no hay razón para huir de la clase si toda la diversión está ahí!

SOLUCIÓN 17:

Interpretación de por qué Jenifer tenía dificultades con conceptos antónimos

Nuestra respuesta aquí es relativamente sencilla, pero nos recuerda a una perogrullada básica: planificar con cuidado es más fácil que corregir los errores.

En este caso, el error consistió en elegir estímulos de enseñanza inadecuados para la tarea. Consideremos los estímulos de entrenamiento originales "largo" y "corto" (y démonos cuenta de que podría haber dicho "lo largo y lo corto" pero me abstuve). El estímulo largo era una vara de medir. El estímulo corto era una regla de plástico.

Nuestros estímulos, por desgracia, variaban en muchas dimensiones distintas a las que le pedíamos a Jenifer que seleccionara. Sí, la vara de medir era más larga que la regla, pero también variaban en muchas otras dimensiones. La vara de medir era de madera. Quizás Jenifer pensó que "largo" significaba "hecho de madera". La vara de medir era de color marrón. Tal vez pensó que "largo" significaba "marrón". La regla era corta, pero también era roja y estaba hecha de plástico. Tal vez era eso lo que ella pensaba que significaba "corto". Recordemos nuestro mandato anterior de no dar nunca por sentado que el estudiante "sabe" lo que queremos decir.

La solución en este caso fue volver a la situación de enseñanza original y asegurarnos de que los estímulos de enseñanza sólo variaban en la dimensión en cuestión. Tenían que ser exactamente iguales, excepto por la longitud. Este tipo de entrenamiento requiere una gran atención a los detalles. Los estímulos de enseñanza tienen que elegirse con cuidado y luego hay que realizar cuidadosas pruebas de generalización para asegurarse de que el estudiante domina el concepto en cuestión. Si un estudiante puede realizar la discriminación con sus estímulos de enseñanza, pero no con los estímulos de generalización, es posible que tengamos que volver atrás y seleccionar los ejemplares de entrenamiento con más cuidado. Una vez hecho esto, hay que elegir los estímulos de generalización de forma que varíen cada vez en más dimensiones. Sin embargo, esto debe programarse cuidadosamente.

Como nota final, recordemos, por supuesto, que los estímulos tienen que considerarse en su contexto. El Central Park de Nueva York es grande, hasta que lo comparamos con el Gran Cañón.

SOLUCIÓN 18:

Por qué Carlos se resistía a empezar una sesión

La respuesta a este desagradable y, por desgracia, demasiado común dilema, era sencilla. Los datos A-B-C mostraban que, a pesar de mis mejores esfuerzos, mi llegada no era señal de diversión. Mi llegada, por desgracia, significaba que la diversión se acababa.

De lo que no me di cuenta es de que uno de los programas de televisión favoritos de Carlos coincidía y, se solapaba ligeramente, con mi llegada. En otras palabras, Carlos estaba viendo alegremente su programa de televisión favorito, divirtiéndose mucho y entonces aparecía yo y sin quererlo, hacía que la diversión se detuviera de forma estrepitosa.

Queríamos romper la idea de que mi llegada significaba que su programa de televisión favorito desaparecía como si yo tuviera alguna habilidad mágica maligna. La solución, por supuesto, era relativamente sencilla: sus padres grababan el programa que se emitía en algún otro momento y comenzaban la grabación de forma que terminara varios minutos antes de que yo llegara. Para asegurarme de que perdía la propiedad previamente adquirida de "hacer desaparecer el programa", comencé mi sesión viendo el programa favorito previamente grabado durante unos minutos y lo permití como opción durante nuestro tiempo de descanso.

Recordemos, condicionamos a la persona que entra en escena como el "malo" si todo es superdivertido y luego, en cuanto aparece, "es hora de trabajar". Podemos evitar esto asegurándonos de frenar todas las cosas divertidas antes de la llegada del maestro y asegurándonos de guardar algunas de las cosas divertidas para la sesión. Quiero que mi llegada signifique que la diversión empieza, no que se acaba.

SOLUCIÓN 19:

Interpretemos el reforzamiento no contingente: Un tono azul que no es azul

Para entender por qué habían aumentado los saltos y los aleteos de Ronaldo, tenemos que fijarnos en la naturaleza del procedimiento de emparejamiento que se había puesto en marcha. El reforzador era realmente no contingente, entregado en función de un horario, independientemente de la conducta del alumno. Para entender el problema en este caso, tenemos que volver al comentario de Bill sobre un tono azul que no es azul. ¿Cómo se puede tener algo así? No se puede, en la dimensión espacio- temporal en la que vivimos. Ni tampoco se puede tener un reforzamiento no contingente de verdad, excepto por accidente y en el ámbito que B.F. Skinner llamó conducta supersticiosa.

Entremos en la definición básica de un reforzador: un reforzador es un estímulo, una consecuencia que aumenta la probabilidad futura de la conducta que la precedió. Si la conducta no aumenta su probabilidad tras la entrega del estímulo consecuente, no es un reforzador.

Nuestro problema aquí está en la relación si- entonces que es inherente a nuestra definición. En el verdadero reforzamiento no contingente, no existe tal relación. El estímulo reforzador se presenta, pero no tras una conducta concreta. Se da siguiendo un horario, como en este caso, o a intervalos aleatorios. Sin embargo, no existe una relación contingente de "si- entonces" entre la conducta y la consecuencia. Si el reforzador no refuerza nada, tenemos el tono azul que no es azul de Bill.

B.F. Skinner estudió lo que suele ocurrir en tales circunstancias. Preparó una cámara de condicionamiento operante (una "caja de Skinner), para que entregara grano de forma no contingente a las palomas. La entrega de este estímulo reforzador era realmente no contingente. Sin embargo, Skinner no tardó en darse cuenta de que estaba surgiendo lo que él llamó "una conducta supersticiosa". Una paloma daba media vuelta, otra agitaba la cabeza de un lado a otro. Se había creado una conducta idiosincrásica.

El mecanismo es bastante sencillo. Lo que tenemos aquí son emparejamientos accidentales. La paloma agitaba la cabeza por casualidad y se entregaba el grano. Se había producido un emparejamiento accidental. La paloma siguió agitando la cabeza, de acuerdo con los principios básicos del reforzamiento. De hecho, cuando se le entregó el grano, siguiendo un horario preestablecido, observaron que la paloma seguía agitando la cabeza. Otro emparejamiento accidental. Y así sucesivamente.

Volvamos a Ronaldo. Los reforzadores se estaban entregando de forma no contingente. Lo que estaba pasando, era que el reforzador se entregaba mientras él realizaba las conductas que posteriormente aumentaron. Se había creado una conducta supersticiosa.

La solución era sencilla. En lugar de utilizar un programa de reforzamiento no contingente, sugerí que el personal cambiara a un programa de reforzamiento de "baja demanda". Eso significaba, sencillamente, que el reforzador podía aplicarse en el horario previsto, siempre y cuando Ronaldo no estuviera realizando la conducta indeseable en el momento en que el temporizador se apagara. Si el temporizador se apagaba mientras él estaba realizando la conducta, el reforzador se retrasaba, hasta que no realizase dicha conducta durante al menos cinco segundos. No tenía que estar haciendo nada en particular (ciertamente una condición de baja demanda). Simplemente no podía estar realizando una conducta que no quisiéramos reforzar.

Por cierto, tengo un superpoder. Puedo poner en verde los semáforos rojos con sólo mirarlos fijamente. No me llaman el Señor Oscuro sin razón.

SOLUCIÓN 20:

Por qué la economía de fichas no estaba funcionando

Para entender la dificultad de la economía de fichas tenemos que tirar de algunos hilos. Nos encontraremos de nuevo en el reino de nuestra ciencia básica, donde todos deberíamos ser más cuidadosos.

Tiremos de estos hilos. Se observó que Álvaro utilizó el ordenador en otros momentos, cuando no estaba en el programa. Existe la posibilidad de que se haya producido saciedad. La potencia del reforzador puede haberse visto comprometida por el hecho de estar disponible en otros momentos. Esta era una posibilidad, pero no muy probable. Tal y como estaba la economía, sólo podía ganar el ordenador una vez durante la sesión y no tenía acceso libre hasta el punto de producir saciedad. En resumen, aunque se trata de una preocupación legítima, no resultó ser la cuestión clave.

Lo que parecía ser la variable realmente clave era, simplemente, la cantidad de esfuerzo que se requería para alcanzar el reforzador. Con lo que nos topamos de lleno es con un fenómeno que se ha descrito en la literatura básica como "forzar la razón". Este término se utiliza en los estudios básicos de los programas de reforzamiento intermitente, para describir el efecto de requerir demasiadas respuestas para obtener el reforzador. En pocas palabras, si se aumenta demasiado rápido el número de respuestas que un organismo necesita emitir para ganarse el reforzador, el organismo simplemente dejará de realizar la conducta. Esto se conoce como "forzar la razón".

Con Álvaro se había forzado la razón. Tenía que ganarse demasiadas letras, con un requisito de tiempo demasiado largo para cada una. Teníamos que reducir el número de letras y hacer que se concedieran más rápidamente. Sugerí que retrocediéramos a la palabra "ordenador" y que adjudicáramos las letras cada cinco minutos en lugar de diez. Podríamos y volveríamos a aumentar gradualmente las exigencias, pero de forma lenta y sistemática, para evitar forzar la razón. Una vez que se aplicaron los cambios, la situación mejoró.

Aquellas mujeres y hombres que hicieron los primeros estudios de laboratorio sobre el reforzamiento, eran muy inteligentes.

SOLUCIÓN 21:

Interpretación de por qué Alfredo no obedecía

Tengo que dedicar esta solución a mi amigo Ken Reeve, actualmente catedrático de psicología en la universidad de Caldwell. Es uno de los oradores más elocuentes de las ideas que debemos explorar en este punto.

Nuestra refugiada de un concierto de *Duran Duran*, había expuesto con fuerza su posición. Sin embargo, es una posición que ha sido refutada en estudios de investigación serios que han examinado esta cuestión ¿El hecho de proporcionar un reforzador reduce la motivación intrínseca para realizar una tarea? En realidad, no, y no por mucho tiempo si lo hacen, según estudios de investigación bien diseñados que se remontan a décadas atrás.

La lógica básica ignora todo lo que sabemos sobre la vida real. Incluso cuando hayamos dejado de "lanzarle caramelos", ¿no va a seguir la gente elogiándole verbalmente por obedecer? Incluso si no le elogian, ¿no participarán las personas en interacciones de reforzamiento con el estudiante? Desde luego, no pueden hacerlo si el alumno está en el suelo o tiene una conducta desafiante. En una notable reseña que Ken publicó una vez sobre un libro que recomendaba no utilizar el reforzamiento, planteó una pregunta muy sensata ¿Aceptó el autor algún tipo de derechos de autor por escribir el libro?

Permitidme ir más allá del elegante punto de Ken y supongamos que el autor no aceptó ningún tipo de derechos de autor. ¿Qué tal las felicitaciones de sus lectores, o simplemente el saber que ha hecho una contribución? ¿No son todos ellos reforzadores? Véase "Sobre el Conductismo" de Skinner, para una discusión sobre cómo las cogniciones pueden funcionar como reforzadores. Tenemos que aceptarlo: el reforzamiento forma parte de la vida. Todos cobramos nuestro sueldo o tenemos otros reforzadores "más nobles" por el trabajo que hacemos. Si no fuera así, toda nuestra conducta se habría extinguido hace tiempo.

Volviendo a Alfredo, observamos algo que llamamos control de estímulos. La conducta de Alfredo era diferente cuando estaba con personas diferentes (diferentes antecedentes). Estas diferencias, a su vez, se basaban en las consecuencias diferenciales proporcionadas por estos individuos. Los que estábamos en el programa de ocio de Alfredo, así como sus padres, habíamos extinguido la conducta de desobediencia y habíamos reforzado la conducta de obediencia. Había aprendido gradualmente a interactuar con los demás de una forma más apropiada desde el punto de vista social. Su maestra no había aplicado estos procedimientos y su conducta era diferente con ella. En otras palabras, había aprendido las diferentes formas de reaccionar de la gente.

Mentiría si dijera que fui capaz de convencerla. Quizá hubiera ido mejor si hubiese llevado puesto uno de esos trajes tan chulos que usaba David Bowie en aquella época.

SOLUCIÓN 22:

Interpretar el insulto a la inteligencia del Dr. Newman y la falta de atención a los alumnos

Seamos francos. La gente se estaba inventando los datos. A falta de herir deliberadamente a alguien, éste es el más imperdonable de los delitos en la instrucción de la conducta. Los datos falsos conducen a una planificación defectuosa de la programación educativa y de modificación de conducta, son peligrosos y poco éticos. Yo ya lo sospechaba antes de observar las sesiones y estaba bastante seguro después de ver las sesiones de enseñanza.

Como comentó Sherlock Holmes, las "nimiedades" son las que a menudo crean los eslabones que dan lugar a una cadena de entendimiento irrompible. Dejando a un lado la cuestión de la tinta señalada en la descripción, la primera pista seria llegó en forma de análisis de tareas. Los análisis de tareas son listas escritas de todos los pasos que uno debe realizar para completar una conducta determinada. Parece sencillo y lo es. Sin embargo, como siempre decía papá, que sea simple no significa que sea fácil. Todos tenemos diferentes habilidades en distintas áreas y, por lo tanto, podemos necesitar análisis de tareas más o menos detallados. Ya he bromeado alguna vez con que para montar una estantería necesito un análisis de tareas del tamaño de Crimen y castigo. Dana necesita uno del tamaño del papel que hay dentro de una galleta de la fortuna.

Uno empieza a enseñar con un análisis de tareas determinado. La clave, sin embargo, es modificarlo en función del progreso del alumno. Un alumno puede no estar progresando, puede estar atascado en un paso determinado del análisis de la tarea. Esa es una de las señales de que se debe dividir ese paso en otros más pequeños o, posiblemente, modificar el programa de alguna manera (por ejemplo, añadiendo una ayuda visual). Cuando se utiliza el mismo análisis de tareas para enseñar una habilidad a un grupo de estudiantes diferentes y no hay que reescribirlo ni desglosarlo para ninguno, tenemos varias posibilidades:

1. El análisis de tareas es tan detallado que nadie en el mundo necesitaría que se desglosaran más los pasos. Esto probablemente signifique que está innecesariamente detallado para algunos estudiantes y que, por lo tanto, se les hizo perder el tiempo con pasos demasiado sencillos.
2. El análisis de tareas se está utilizando para enseñar habilidades que el estudiante ya tiene. De nuevo, se está haciendo perder el tiempo al estudiante (en este caso, por no haber hecho una línea base adecuada de las habilidades antes de enseñarlas).
3. Se está engañando e inventando los datos y no tenemos ni idea de cómo ayudar al estudiante a desarrollar la habilidad en cuestión.

En este caso, me temo que la opción 3 fue probablemente la que ocurrió. Al personal se le dijo que debían tener datos para que yo los mirara. Lo que no estaba en el cuaderno de programas, se lo inventaron. No puedo decir si habían intentado enseñar la habilidad de forma ineficaz y simplemente no registraron los datos, o si nunca habían intentado realmente enseñar la habilidad de forma consistente. Para ser sincero, no estaba seguro de qué teoría era peor. Sea como fuere, el alumno no fue capaz de realizar las habilidades que el personal afirmaba que había adquirido según los datos de los inmaculados análisis de tareas.

En la discusión anterior me refiero obviamente a los estudiantes cuyos gráficos mostraban progresos. ¿Qué pasaba con aquellos a los que hice referencia en los que no se observaron grandes progresos? En este caso, teníamos otro problema. Parece que el personal estaba llevando a cabo los programas de enseñanza y estaba registrando los datos. Sin embargo, el problema esencial era que no utilizaban los datos para orientar el proceso de toma de decisiones. Registraban religiosamente y luego no hacían nada con esa información. Como se ha repetido hasta convertirse en un tópico, ABA se caracteriza por tomar decisiones basándose en los datos. Se utilizan los datos para guiar las decisiones clínicas. Si los datos muestran que la conducta no está cambiando en la dirección deseada, se modifica el programa de enseñanza. En lugar de llevar a cabo este sencillo protocolo, siguieron adelante con la vieja e ineficaz metodología.

SOLUCIÓN 23:

Por qué Armando no quería ir a al colegio

Evidentemente, en este caso no se trataba de cirugía cerebral, ni de entender por qué la gente se humilla haciendo cola a la salida de los clubes "de moda". Es cierto que hubo alguna distracción en forma de diagnóstico de depresión infantil. ¿Había algún componente bioquímico implicado? Tal vez lo hubiera, pero teníamos una explicación más parsimoniosa.

Como el lector habrá adivinado sin duda por mi descripción, creía que las pruebas sugerían que había algo en el colegio que le ponía las cosas difíciles a Arnaldo. Cuando observé la clase, la conducta arengadora de Dame van Winkle confirmó mis sospechas. Lo que vi fue a un estudiante que estaba ansioso. La reacción de la maestra de Arnaldo fue llamarle más la atención, llevándole hasta el sarcasmo y el ridículo. Aunque eso puede quedar bien en las canciones de Pink Floyd, no era probable que ayudara a Arnaldo a ver el colegio como un espacio agradable.

La observación de este incidente me sugirió que tal vez sería más acertado pensar en las dificultades de Arnaldo como síntomas de un problema de ansiedad primario. La depresión sería secundaria a esa ansiedad, estando posiblemente sus dificultades y la tristeza que experimentaba causadas por esta condición no diagnosticada.

Como era de esperar, los padres de Arnaldo se disgustaron bastante cuando escucharon la descripción de las interacciones en el aula. Pidieron un cambio de clase con un maestro que no le "desafiase" de esa manera y se les concedió. Comenzamos a aplicar algunas estrategias de relajación muscular progresiva y otras estrategias de afrontamiento de la ansiedad. Mamá y papá, a sugerencia mía, se esforzaron en practicar la relajación con él cada noche. Recordemos que siempre es más fácil practicar algo como la relajación, cuando uno no está ya intensamente agitado. Al practicar la relajación profunda cuando estaba relativamente tranquilo, pudo aprender a relajarse cuando empezaba a sentir que la ansiedad estaba creciendo. Practicaron escuchando música tranquila, mediante la respiración profunda, la imaginación guiada e incluso con masajes en un ambiente cálidamente iluminado con velas. Personalmente, me pareció demasiado *New Age* para mi gusto, pero, ¿qué demonios? No hay que criticar lo que funciona. Para ser sincero, estos padres no me asustaron tanto como esa gente que se disfraza en las ferias medievales (es broma chicos; tengo mi propio disfraz del Fraile Tuck en el que me enfundo cuando surge la ocasión, además, nunca me pierdo un episodio de Jimmy Neutrón).

SOLUCIÓN 24:

Por qué Simón "no está progresando" en el entrenamiento para ir al baño

Leo Newman, el superintendente emérito, era conocido como el rey de los clichés en la Autoridad de la Vivienda de Nueva York. Tenía una expresión para cada ocasión; eran tan precisas como un reloj. Nunca subía a un ascensor lleno de gente sin decir: "Supongo que se preguntarán por qué les he mandado llamar a todos". Al ver la dificultad de Simón para ir al baño, Leo habría dicho sin duda algo como "no empezar la casa por el tejado". En nuestro caso, el tejado serían el horario para ir al baño. Nuestra casa, es el entrenamiento intensivo para ir al baño. En otras palabras, el personal y la familia estaban pidiendo a Simón que practicara algo que aún no había aprendido (es decir, que no le habían enseñado).

Algunos alumnos son, efectivamente, capaces de empezar a ir al baño cuando se les establece un horario, como el que intentaron la familia y el personal de Simón. Sin embargo, en este caso, estaba claro que esto no estaba funcionando. Lo que era necesario era un periodo intensivo de entrenamiento para ir al baño. Teníamos que permanecer en el baño y en sus alrededores, trabajando en las diversas habilidades lingüísticas, sociales, lúdicas y pre-académicas de Simón. Se le dio todo el líquido que pudiera beber, lo que nos proporcionó muchas oportunidades al día para aprender a eliminar de forma adecuada. Al principio, se le sentaba en una silla en el cuarto de baño, llevando solamente la ropa interior más fina posible, que permitiera ver el momento preciso en el que comenzaba la micción. En esos momentos, se le daba ayuda para que fuera al baño, enseñándole "dónde ir" en cuanto empezaba a sentir la tensión en la vejiga. Sólo después de esta práctica intensiva, cuando a Simón se le había enseñado a reconocer las señales de su cuerpo, pudimos volver con éxito al entrenamiento en función del tiempo anterior. El tiempo con el que empezamos era de 20 minutos, tiempo que se basó en las observaciones de la línea base durante nuestro periodo de entrenamiento intensivo para ir al baño. En realidad, la vejiga de Simón era bastante débil cuando comenzamos a practicar de forma intensiva. Sin embargo, de forma relativamente rápida, pudimos aumentar gradualmente el tiempo y pronto se superó la hora completa entre una visita y la siguiente.

En estos casos, recuerde siempre la prueba del hombre muerto (véase el libro "Behaviorspeak"). En pocas palabras, cualquier cosa que pueda hacer un muerto no es conducta. Tenemos que enseñar lo que queremos ver, no lo que no queremos ver. Teníamos que enseñarle a Simón a ir al baño, no sólo a aguantarse. El período inicial intensivo era lo que se necesitaba para aprender realmente la habilidad y después podíamos practicar. Sin embargo, no se puede practicar lo que no se sabe hacer.

Como nota final en relación con esto, sugiero eliminar los pañales tan pronto como sea humanamente posible. Los pañales presentan un mensaje contradictorio (por ejemplo, "no esperamos que tengas un accidente, pero por si acaso lo tienes..."). Una vez que hayas enseñado la habilidad, sigue adelante. Sólo asegúrate de haber enseñado realmente la habilidad primero.

SOLUCIÓN 25:

¿Debemos usar "el tiempo fuera"?

Tammy Hammond Natof

Escenario 1:

Pamela pensó en las instrucciones que se le dieron en su orientación sobre la evitación del uso del "tiempo fuera". Se acercó con cuidado a Samuel, le acarició suavemente la espalda y le dijo: "No mordemos a nuestros amigos, ¿vale?". Samuel dejó de llorar y Pamela le ayudó para que pudiera ser "Simón" en una ronda. Pamela sonrió, sabiendo que había conseguido evitar utilizar el tiempo fuera, una estrategia que la administración había definido como abusiva. Lo que Pamela no sabía es que Samuel seguiría mordiendo a otros estudiantes cada vez que quisiera el turno para jugar a "Simón" durante el resto del curso escolar. Está claro que ésta no era la opción correcta.

Escenario 2:

Pamela pensó en las instrucciones que se le dieron en su curso de orientación para evitar el uso del "tiempo fuera". Sin embargo, sabía que, si se reforzaba la conducta de Samuel de morder permitiéndole tener un turno como "Simón", aumentaría la probabilidad de que volviera a morder en una situación similar en el futuro. Pamela ayudó suavemente a Samuel para que se sentase en una silla junto al grupo y le dijo "no muerdas" mientras los otros niños seguían jugando. Al día siguiente, Samuel levantó la mano y pidió ser "Simón" en lugar de morder a otro estudiante. Pamela sabía que había tomado la decisión correcta.

SOLUCIÓN 26:

Por qué Miguel tenía dificultades con el control de esfínteres (y se golpeaba la cabeza)

Hay, por supuesto, muchas razones por las que Miguel podría haber sido inconsistente a la hora de ir al baño. Siempre hay que realizar un análisis funcional para establecer por qué se produce o no se produce una conducta concreta en un entorno determinado. Entre las posibles razones de los accidentes para ir al baño, se encuentran la incapacidad física de retrasar la eliminación hasta llegar al cuarto de baño, una enfermedad temporal o crónica, problemas de control de estímulos en cuanto a que la conducta no se generaliza en todos los entornos o muchas otras razones (para más ejemplos, puedes consultar algunos de nuestros otros estudios de casos).

Sin embargo, en este caso concreto, parecía que la vieja cuestión del reforzamiento accidental estaba asomando su proverbial y fea cabeza. Tengamos en cuenta que a Miguel no se le había ayudado a desarrollar ningún tipo de sistema de comunicación formal. Por lo tanto, no tenía forma de decir realmente a las personas con las que vivía, sus deseos y necesidades (por ejemplo, "me gustaría no ver este vídeo por quinta vez y preferiría darme un baño de burbujas ahora"). Sin un medio alternativo para dar a conocer sus deseos, adoptó una conducta que le llevaba a conseguir lo que quería. En este caso, ensuciarse provocaba el resultado deseado de poder darse un baño de espuma.

Obsérvese que Miguel parecía estar de buen humor mientras se preparaba y se acercaba al cuarto de baño que tenía la bañera en la que disfrutada de los baños de espuma. Sólo cuando se le informó de que no podría realizar esta actividad, empezó a alterarse y a autolesionarse.

Para abordar esta cuestión, tendríamos que llevar a cabo una intervención conjuntamente con la agencia. En primer lugar, habría que hacer un gran esfuerzo para enseñar a Miguel algún tipo de sistema de comunicación alternativo, para que no tuviese que realizar la conducta autolesiva para comunicar sus necesidades (un programa de equivalencia funcional). Además, habría que entrenar al personal sobre el uso adecuado del tiempo no programado:

1. Es casi seguro que no fuese apropiado y, a la larga, también es bastante aburrido, que Miguel viera continuamente el mismo vídeo una y otra vez. Incluso si "parece disfrutarlo" o "no parece importarle", esto puede ser el resultado de una incapacidad para expresar su deseo de otra cosa, más que un verdadero deseo de seguir viendo el mismo vídeo repetidamente.
2. Antes de prometer una consecuencia concreta (como el baño de espuma), probablemente habría sido sensato comprobar si la instalación para llevar a cabo la actividad estaba realmente disponible. Prometer algo que no está disponible es cocinar un desastre. El miembro del personal debería haberlo comprobado primero. Al ver que estaba ocupada, se podría haber llegado a una decisión sobre si, simplemente informar a Miguel de que sería necesaria una ducha (sin prometer el baño de espuma), o ver cuánto tiempo tendrían que esperar hasta que la bañera estuviera disponible.

SOLUCIÓN 27:

Análisis del papel de los medicamentos para tratar los tics de Jana

Dije que estaba de acuerdo con el programa en que usar medicamentos exclusivamente para el control de la conducta no es apropiado. Por qué debería ser así y cuándo deberíamos hacer excepciones a esa regla, será el centro de esta discusión.

En primer lugar, recordemos que muchos medicamentos psicotrópicos pueden tener efectos secundarios duraderos y potencialmente peligrosos. No deben utilizarse a la ligera, ya que los efectos sobre la salud a largo plazo pueden ser bastante graves. Algunos individuos que han tomado ciertos medicamentos durante largos periodos de tiempo ahora tienen tantos temblores que ya no pueden ni siquiera comer de forma independiente. También debemos recordar que algunos medicamentos pueden tener un efecto tranquilizador muy fuerte. A menudo, el único efecto real que se ve de estos medicamentos es un individuo que está demasiado "atontado" para llevar a cabo el problema de conducta anterior. Por otra parte, también están demasiado cansados para llevar a cabo cualquier conducta constructiva.

Evidentemente, estos efectos no son deseables cuando se trata de abordar un problema de conducta. Es mucho más beneficioso para el cliente que se lleve a cabo un análisis funcional detallado y se elabore un plan de modificación de conducta, en lugar de intentar simplemente "drogar el problema".

Sin embargo, existe un peligro en una postura tan inflexible. ¿Qué pasa con aquellas ocasiones en las que un individuo tiene realmente una alteración médica que requiere medicación? Ciertamente, nunca le quitaríamos la insulina a un diabético ¿verdad? Tal vez estés pensando que este ejemplo no es justo, ya que la diabetes es una condición médica pura (sin tener en cuenta las modificaciones de conducta que son necesarias para mantenerse sano, incluyendo la dieta y el ejercicio). En este ejemplo, parece claro. Ahora pasemos a un área psiquiátrica/de conducta más tradicional.

Algunas personas sufren una depresión de base biológica y cuando se encuentran en el estado depresivo, se observan conductas autolesivas y anhedonia. La persona tiene conductas de diversa índole, pero se deben a la depresión biológica subyacente. Aunque debemos tener cuidado con la forma de responder a esa conducta para no reforzarla accidentalmente, ¿es realmente responsable no abordar también la causa biológica subyacente de la depresión? Yo diría que no y esto nos lleva directamente a Jana.

Jana sufre un trastorno de tics que, si bien puede observarse a través de su conducta, es principalmente de origen biológico. Yo argumentaría que la postura de "no hacer excepciones sobre el uso de la medicación", sería contraproducente en este caso y podríamos estar negándole un tratamiento médico necesario.

Después de un sano (o no tan sano) debate, se inició el tratamiento con medicamentos para tratar los tics. Rápidamente se redujeron y se mantienen en niveles mucho más bajos.

SOLUCIÓN 28:

Análisis de por qué Leonardo era incapaz de realizar las fichas de trabajo

La solución a la dificultad de Leonardo con las fichas de trabajo requería volver a pensar en las bases de la modificación de conducta. Tengo que admitir que me cegó temporalmente el diagnóstico de TDAH de Leonardo. ¿Había algo inherente a la falta de capacidad de Leonardo para concentrarse en el material académico, que estableciese realmente la raíz del problema, o quizás había algo más en juego?

Como ya he dicho, la clave llegó sólo cuando volví a los conceptos básicos de modificación de conducta. ¿Cuál era nuestra conducta objetivo? El objetivo, como se ha dicho, era que Leonardo fuera capaz de completar las fichas de trabajo. Sin embargo, cuando practicaba con su maestro, lo hacían con ejercicios individuales. En otras palabras, a Leonardo se le estaba enseñando una cosa y luego se le estaba pidiendo que hiciera algo totalmente diferente. Ser capaz de completar un solo ejercicio es muy diferente a ser capaz de completar una ficha de trabajo.

Si nuestra conducta objetivo es que Leonardo sea capaz de completar una ficha de trabajo, eso debe ser lo que practiquemos, no los ejercicios aislados. Por lo tanto, cambiamos la enseñanza y la práctica de ejercicios únicos a varios ejercicios, un entrenamiento en fluidez en el que Leonardo trabajaría no sólo la precisión, sino la precisión y la velocidad. La definición de una respuesta correcta no era sólo la finalización precisa de un ejercicio, sino que serían tres ejercicios, completados con precisión, en un minuto.

Cuando empezamos el entrenamiento en fluidez, Leonardo practicó la habilidad que realmente se estaba juzgando. Poco a poco fuimos aumentando el número de ejercicios que debían completarse con precisión en un periodo de tiempo determinado. En realidad, esto era lo que se había considerado su dificultad, pero simplemente nunca se le había enseñado.

Ejemplos como el de Leonardo nos recuerdan que no debemos aceptar un diagnóstico como si fuera una explicación. Muchos diagnósticos son simplemente descripciones de conducta. Alguien diagnosticado con mutismo selectivo, por ejemplo, no habla en determinados entornos. Sin embargo, el diagnóstico se invoca de alguna manera como la explicación de por qué no se produce el habla. Este tipo de definición circular, o tautología, es demasiado común en la educación y la psicología y debe evitarse para evitar los callejones sin salida y la culpabilización del estudiante o de una discapacidad, usándose como alternativa al análisis funcional.

SOLUCIÓN 29:

Análisis de por qué los escupitajos de Eric no disminuían

La solución a este problema de conducta requiere que volvamos a algunos de los principios básicos que hemos explorado anteriormente:

1. Los planes de modificación de conducta deben realizarse basándose en la función de la conducta que queremos abordar.
2. Es poco probable que los planes de modificación de conducta que son inconsistentes y usan el reforzamiento intermitente, conduzca a mejoras en la conducta.
3. Ignorar no es lo mismo que la extinción.

Veamos el número 3, por ejemplo. Eric está escupiendo.

¿Debemos hacer que limpie el escupitajo o debemos actuar como si nunca hubiera ocurrido? Debemos considerar la definición real de extinción. La extinción se refiere a la eliminación de un reforzador que antes aparecía cuando se daba la conducta. Para lograr esto hay que saber cuál es el reforzador. Sabemos que la conducta en este caso es escupir. Sin embargo, no conocemos el reforzador. Sin este dato, es imposible crear un plan de extinción adecuado.

Supongamos, por ejemplo, que la función de la conducta fuera obtener una reacción de sorpresa por parte del maestro. En este caso, un plan de extinción adecuado requeriría que no se mostrara ninguna reacción. Supongamos, sin embargo, que la conducta estuviera cumpliendo una función de evitación o escape. Eric está llevando a cabo la conducta para poner fin a la interacción con el maestro. En ese caso, no importa si mostramos alguna reacción o si limpiamos la saliva. Mientras no pongamos fin a la interacción, estamos llevando a cabo un buen plan de extinción.

Se realizó un minucioso análisis funcional y se determinó que la conducta cumplía una función de evitación/escape. Se creó un cuidadoso plan de extinción y se le enseñó un medio, funcionalmente equivalente, para solicitar un descanso. La conducta se redujo rápidamente.

SOLUCIÓN 30:

Interpretación de por qué Gavino no podía tactar sus propios estados emocionales

Esto podría parecer, a primera vista, un puzle de lo más difícil. Gavino puede tactar estados emocionales en imágenes. Puede dar una respuesta cuando se le pide que explique cómo se sentiría en determinadas situaciones hipotéticas. Sin embargo, cuando se encuentra realmente en esas situaciones, Gavino parece completamente incapaz de responder a una simple pregunta sobre cómo se siente.

Lo que tenemos aquí es un simple caso de olvido de cuál es el objetivo real de la conducta y de no abordarlo directamente. El objetivo es que Gavino sea capaz de tactar estados emocionales en sí mismo, cuando los está sintiendo. Sin embargo, los medios por los que se abordó esto no fueron directos. Se le enseñó a tactar imágenes y a dar respuestas verbales a preguntas sobre diferentes escenarios. Ninguno de estos medios le enseñó directamente a tactar un estado emocional cuando lo estaba sintiendo.

Se puso en marcha una estrategia de enseñanza más directa. Se hizo un esfuerzo por captar los estados emocionales, tanto cuando se producían de forma natural como cuando se provocaban. Se estableció una estrategia que usaba el modelado y el reforzamiento. Cuando Gavino recibía un regalo que había deseado durante mucho tiempo, se le enseñaba a tactar que estaba contento. Cuando no podía encontrar un objeto deseado, o no podía conseguir algo que quería, se le enseñó a tactar el enfado y la frustración. Cuando se le murió una mascota y su querida abuela tuvo que volver a su casa después de una larga visita, se le enseñó a tactar la tristeza.

Cuando estaba en la calle durante el frío invierno canadiense, se le enseñó a tactar la sensación de frío. Cuando se cayó de una bicicleta y se hizo una herida, se le enseñó a tactar el dolor. Esta enseñanza directa resultó mucho más eficaz que los métodos indirectos que se habían intentado hasta ahora. Posteriormente, se dio un paso más: se le ponía nieve en la mano y se le enseñó a tactar que su mano estaba fría. Esta habilidad fue un precursor para especificar, por ejemplo, dónde sentía dolor.

Como nota final sobre este ejemplo, por favor, no exageres al preparar este programa de enseñanza. La vida creará sus propias oportunidades y, por favor, ten sentido común. Siéntete libre de dar un regalo o un privilegio extra para aprender a tactar la felicidad. Pero NO permitas deliberadamente que alguien salga herido ni crees una situación desagradable para que aprenda a etiquetar el dolor, la tristeza o el miedo. La vida ofrece muchas oportunidades para este aprendizaje, sin necesidad de que nosotros las busquemos de una forma más directa.

SOLUCIÓN 31:

Por qué Mara "no tenía capacidad de atención"

A primera vista, parece que este estudio de caso podría llevarnos a un área muy difícil: las implicaciones neurológicas del diagnóstico diferencial. Si, como cree el personal, Mara tenía un trastorno orgánico de déficit de atención, nuestros intentos de abordar la situación de forma conductual se complicarían.

Sin embargo, debemos tener en cuenta toda la información que tenemos. Observemos que Mara era capaz de prestar atención a ciertas actividades durante un periodo bastante largo, algunas incluso de horas, según el informe de los padres. Esto no parece un déficit de atención, en el sentido clásico de ser incapaz de mantener la atención centrada en cualquier conjunto de estímulos, durante un periodo de tiempo apropiado para su edad. Más bien, el hecho de que pueda prestar atención a ciertas actividades durante períodos prolongados sugiere una cuestión de motivación.

Trabajando a partir de esta hipótesis alternativa, pudimos examinar factores concretos que podían estar siendo relevantes. Dado que ahora pensábamos que la motivación podría ser relevante, examinamos los reforzadores de los que disponía Mara. De acuerdo con el informe del personal, de que Mara parecía perder rápidamente el interés por las actividades, examinamos la posibilidad de la saciedad del reforzador. La saciedad del reforzador se refiere a la tendencia del reforzador a perder su valor reforzante tras repetidas presentaciones. De acuerdo con mi hipótesis particular, el personal utilizaba las mismas consecuencias una y otra vez, aparentemente, sin darse cuenta de que la consecuencia había dejado de funcionar como reforzador. Recuerde el viejo refrán: sólo es un reforzador si refuerza (hace más probable la conducta que le precede). Una consecuencia no es un reforzador si no cumple esta función crucial.

Teniendo en cuenta también, que Mara había demostrado la capacidad de prestar atención a ciertos estímulos durante largos períodos de tiempo (por ejemplo, los videojuegos y el ordenador), parecía que estos estímulos eran menos susceptibles de saciar a Mara. Por lo tanto, se puso en marcha una economía de fichas que le permitía ganar tiempo en el ordenador o ver vídeos (entre otras opciones de un menú que se le ofrecía en un sistema en el que podía elegir sus reforzadores), por terminar su trabajo.

Tras la implantación de este nuevo sistema, las dificultades de atención de Mara desaparecieron. Ahora era capaz de prestar atención a sus tareas a un nivel apropiado para su edad.

SOLUCIÓN 32:

Interpretación de las quejas de Jesica

Mary Ann Klein

Como hemos mencionado en nuestra descripción, se descubrió que el equipo del colegio no utilizaba un temporizador porque era demasiado engorroso y obvio. Una discusión posterior reveló que, aunque mantenían que seguían el RDO, habían abandonado incluso el mencionado reloj de pulsera. Simplemente utilizaban su criterio para decidir si Jesica había ganado o no una ficha. De hecho, en ciertas situaciones, estaban dejando pasar el canto porque no querían arriesgarse a una queja que llamara la atención en las clases más importantes.

En realidad, habían adoptado una estrategia muy diferente. El equipo del colegio había decidido que podían "cortar" la conducta. Adoptaron una estrategia de entrega de reforzadores inmediatamente después de que Jesica empezara a cantar, siempre y cuando dejara de hacerlo al recibir su ficha.

Teníamos dos problemas principales que el equipo escolar había creado inadvertidamente:

1. La falta de consistencia. Si cada maestro utilizaba su propio criterio para decidir cuándo darle fichas, no había forma de saber cuándo aumentar el tiempo de intervalo para dar las fichas. El análisis de los datos era extremadamente problemático.
2. El hecho de que el equipo escolar alterara el plan de modificación de conducta, también provocó el aumento de las quejas en casa, ya que Jesica había aprendido que, a veces, cantando, conseguiría una ficha en el colegio (reforzamiento intermitente). En efecto,

había aprendido a realizar la conducta problema en una tasa baja, para conseguir que le dieran reforzadores más potentes. Esta estrategia también nos convirtió en los "malos" en casa, ya que estábamos exigiendo períodos más largos de conducta apropiada que el equipo del colegio. También estábamos poniendo a cero el temporizador, cosa que no se hacía en el colegio. Jesica nos hacía saber, sin lugar a dudas, que no le gustaba la versión del plan de tratamiento de nuestro programa en casa, donde el reforzador sólo llegaba por abstenerse por completo de realizar la conducta objetivo.

SOLUCIÓN 33:

Por qué Ramón no podía discriminar un juego de té

Por favor, perdonad mi respuesta visceral al supervisor del programa de casa. Puedo aseguraros que mi ira estuvo mucho más estimulada por lo que le estaban haciendo pasar a Ramón, que por la falta de educación que el supervisor de la casa mostró hacia mí persona.

A Ramón se le estaba pidiendo que identificara receptivamente un juego de té. Hay algunas preguntas obvias que me vienen a la mente:

1. ¿Por qué es tan jodidamente importante que un niño de preescolar discrimine receptivamente un juego de té? Aunque no he revelado de dónde era nuestro estudiante, puedo asegurar que no vive entre nuestros hermanos británicos, ni en ningún otro lugar donde el té sea una parte tan importante del día ¿De verdad era esta una habilidad funcional?
2. Con cuatro meses de ceros en el gráfico, ¿por qué se seguía empleando la misma metodología de enseñanza? No recogemos datos por capricho o porque no nos gusten los árboles. Recogemos datos para ayudarnos a orientar el proceso de toma de decisiones. Los datos indicaban, claramente, que lo que se estaba haciendo no funcionaba. Ya era hora de cambiar el programa de alguna manera para permitir que Ramón tuviera éxito, o de cesar el programa (al menos temporalmente, si uno estaba realmente empeñado en la idea de que Ramón tenía que ser capaz de discriminar a nivel receptivo un juego de té). Para ser honesto, yo también habría odiado ver al personal y me habría puesto a lanzar puñetazos, si estuviera en su lugar.

3. ¿En qué universo le estaríamos en señando a Ramón a evitar, por el hecho de sacar este objetivo de su programación? No estoy abogando por parar en medio de una sesión de enseñanza determinada sin permitir que el estudiante tenga éxito (sea cual sea el nivel de ayuda necesario para conseguirlo), pero ¿se espera que creamos que sacar este objetivo de la programación, en una reunión de equipo, se va a traducir en que Ramón aprenda a evitar?

Tras una reunión y un debate, los padres de Ramón decidieron cambiar la agencia que les prestaba servicios. Al no poder localizar otra en poco tiempo, empezaron a asumir ellos mismos la mayor parte de la enseñanza. Siguieron una estrategia de toma de decisiones mucho más basada en los datos, añadieron estrategias de ayudas visuales y desvanecimiento de estas ayudas en los programas y lograron un éxito mucho mayor. Emparejaron al nuevo personal con fuertes niveles de reforzamiento y se desestancó el estancamiento.

SOLUCIÓN 34:

¿Qué mantenía la agresividad de Francisco?

Dana R. Reinecke

Los datos del ABC fueron clave para resolver este caso. Aunque no se veían patrones en los antecedentes y el personal se esforzaba mucho por no reforzar la conducta, había un acontecimiento ambiental constante asociado a la agresión de Francisco: el contacto físico y la presión asociados a la contención.

El personal había sido entrenado para contenerle sólo como último recurso, para reducir la probabilidad de que el estudiante o el maestro se lesionaran. Además, su disgusto por el procedimiento los llevó a aplazarlo todo lo posible. Sin embargo, al observar los datos, quedó claro que la agresión de Francisco nunca terminaba hasta que se utilizaba un procedimiento de contención. La contención siempre detenía la conducta a corto plazo, pero, aparentemente, la mantenía a largo plazo. Por lo tanto, el procedimiento estaba funcionando realmente como un reforzador.

Costó un tiempo conseguir que el personal entendiera esto. Por muy bien formados que estuvieran los maestros, seguía siendo difícil aceptar que estar siendo sujetado físicamente pudiera ser un reforzador para un estudiante, especialmente porque el personal odiaba hacerlo. Este era un programa de modificación de conducta que no utilizaba técnicas que no estuviesen basadas en la investigación, pero ayudó a aclarar las cosas cuando los maestros se dieron cuenta de que la contención cumplía una función sensorial para Francisco. Neurológicamente, este estudiante funcionaba claramente de forma diferente a la mayoría de las personas. Era posible que la contención física le hiciese sentir bien.

Como estudiante no verbal, no tenía forma de pedirlo. Su experiencia le había enseñado que la conducta objetivo daba lugar a la contención, así que la repetía cuando quería que le contuvieran.

Lo que complicaba las cosas era el programa de reforzamiento intermitente que se había creado. Los maestros trataban de evitar el uso de la contención durante todo el tiempo que podían, pero esto implicaba estar reforzándole durante el pico de extinción. Los niveles de la conducta de Francisco eran cada vez más intensos, hasta que finalmente se reforzaba, por lo que cada vez iniciaba la conducta a un nivel de intensidad más alto.

El primer cambio que se hizo para mejorar esta situación fue enseñar a Francisco a pedir una forma más apropiada de contención física: un abrazo. Se incorporó un pictograma para "abrazo" en su libro de PECS y se le enseñó repetidamente a intercambiar el pictograma por un abrazo. A medida que esta respuesta pasó a formar parte de su repertorio, aprendió una forma más cordial de recibir un buen apretón. Sus maestros estaban encantados de abrazarle, sobre todo cuando eso significaba que Francisco no sentía la necesidad de atacarles.

Lo difícil fue encontrar la manera de no reforzar la conducta inapropiada que utilizaba para pedir un abrazo. A Francisco le costó mucho tiempo aprender a utilizar el pictograma y hubo muchas ocasiones en las que recurrió a la agresión en su lugar. Aunque los profesores no querían retenerle y, desde luego, no querían reforzar su conducta objetivo, tampoco podían permitir que les hiciera daño. Su agresividad ya había alcanzado niveles que no se podían ignorar y preveíamos que el pico de extinción sería aún peor debido a la larga historia de reforzamiento intermitente que se había llevado a cabo de manera inadvertida.

Se ideó una nueva respuesta a la agresión. Cuando Francisco empezaba a comportarse agresivamente, si las ayudas para utilizar su pictograma de "abrazo" no eran efectivas o no se hacían con la suficiente rapidez para desescalar la conducta, se despejaba la sala de otros estudiantes y dos o tres maestros se quedaban con Francisco, manteniéndolo a salvo, pero sin contenerlo. Cuando se calmaba, se reanudaban las actividades normales. Los maestros estaban encantados; no sólo no tenían que contener al niño y no estaban reforzando su conducta de forma inadvertida, sino que el procedimiento era mucho menos agotador físicamente.

En consonancia con la lentitud general del aprendizaje de Francisco, estos procedimientos tardaron un tiempo en funcionar, pero su agresividad se redujo finalmente a niveles casi nulos. Observando detenidamente lo que hacían los demás cuando se producía la conducta de Francisco, pudimos idear un plan de tratamiento eficaz y seguro que además tuvo un buen recibimiento por parte del personal.

SOLUCIÓN 35:

Comprender por qué, si se hace una pregunta de tipo "sí/no", se debe obtener un...

El título a medias de nuestro capítulo proporcionaba, por supuesto, una pista sobre la cuestión central del caso. Se planteaba una pregunta que requería una respuesta de "sí o no". Se aceptó una respuesta, que era un sustantivo, en lugar de un "sí" o un "no".

Aquellos que no estén familiarizados con la naturaleza de las dificultades del lenguaje que a menudo se observan entre las personas del espectro autista, podrían no haber caído en la cuenta del problema. Gabriel consiguió su objetivo: quería una galleta. Entonces, ¿dónde está el problema?

El problema es que una respuesta de este tipo, aunque puede transmitir un significado a la persona que ofrece el producto, no aborda realmente la habilidad objetivo. Gabriel necesita ser capaz de responder a una pregunta con un sí o un no.

Esta necesidad puede ilustrarse si cambiamos la naturaleza de la pregunta. Supongamos que la pregunta de "sí o no" fuera "¿Te llamas María?". Esta sigue siendo una pregunta de sí o no. Si Gabriel no ha aprendido a responder sí o no, sino simplemente a enunciar un sustantivo, no puede responder a esta pregunta. Su nombre no es María, y no basta con reafirmarlo repitiendo "María". De hecho, ¡podría llevar a algunos a creer que realmente piensa que su nombre es María! Para evitar esta confusión y otro millón de situaciones como esta, es muy importante que

Gabriel aprenda a responder a las preguntas tipo sí/no con respuestas sí/no.

Por supuesto, debemos tener cuidado de no llevar esta lógica demasiado lejos. El inglés, al igual que otros idiomas, es famoso por utilizar expresiones que no se deberían interpretar literalmente. Si se le pregunta a Gabriel «¿Sabes qué hora es?", es evidente que la persona no está verdaderamente interesada en saber si Gabriel conoce la hora, salvo en la medida en que pueda demostrar que la conoce diciéndola. La pregunta, aunque está planteada en un formato de sí/no, es en realidad una petición para que Gabriel le diga la hora a la persona. Responder a una pregunta de este tipo con un "sí", pero luego no decirle la hora a la persona, se interpretaría como una señal de mal sentido del humor, de grosería o algo peor.

SOLUCIÓN 36:

Entender por qué parece que el plan de tratamiento no está funcionando

Parecía que el plan de tratamiento estaba funcionando, al menos según lo que se observaba a simple vista. Sin embargo, el análisis minucioso de los datos, indicaban lo contrario. ¿Dónde estaba la verdad? La respuesta típica de los analistas de conducta sería decantarse por los datos por encima del juicio subjetivo. Eso presupone, sin embargo, que los datos captan con precisión la conducta.

Miremos de nuevo nuestro escenario. Cada minuto, si Melisa se abstenía de hacer ruidos inadecuados, se le reforzaba. Los datos, sin embargo, se representaron en términos de registros de intervalos parciales de 30 MINUTOS. En otras palabras, ¿hizo Melisa al menos un ruido inapropiado durante cada período de 30 minutos? Así que tenemos un RDO de un minuto, pero los datos se recogen cada 30 minutos.

Si se me permite robar una frase de la película "Ausencia de malicia", el gráfico era preciso, pero no era cierto. El gráfico era riguroso para lo que era, pero el sistema de recogida de datos no era, ni de lejos, lo suficientemente sensible como para captar la conducta en cuestión. ¿Hacía al menos un ruido cada 30 minutos? Sí, lo hacía. Pero eso no captaba el hecho de que, al principio del plan de tratamiento, Melisa hacía cientos de ruidos inapropiados cada intervalo de 30 minutos y ahora, se reducía a una sola vez cada intervalo de 30 minutos. El plan de tratamiento era eficaz; era el sistema de recogida de datos el que no era lo suficientemente sensible. Se habían recogido los datos de forma precisa, pero no era una representación real y esto hacía que el plan de tratamiento, que en realidad era bastante eficaz, pareciera que no estaba funcionando. Una reducción drástica en el sistema de registro, utilizando un registro de intervalo parcial, demostró inmediatamente que el plan de tratamiento estaba funcionando. Entonces pudieron empezar a aumentar sistemáticamente el intervalo de RDO, hasta que finalmente, el tiempo que Melisa necesitaba estar sin realizar la conducta objetivo para ser reforzada, era el mismo que el intervalo de recogida de datos.

SOLUCIÓN 37:

Explicación de por qué el niño lloraba diciendo "arriba"

Rocío Chávez

Ahora veamos este escenario a través de nuestras súper gafas de analistas de conducta. Para entender la situación que nos ocupa, tenemos que comprender todos los ingredientes de la receta. Primero, volvamos a nuestras definiciones básicas. La extinción se produce cuando una respuesta ya no va seguida de una consecuencia reforzante, lo que debilita la respuesta. En el caso de Daniel, el plan de tratamiento indicaba que la extinción se llevaría a cabo no retirando la demanda que precedía a la rabieta, eliminando así el reforzador negativo (escape) que había seguido sistemáticamente a su conducta de rabieta. Daniel presentaba claramente un pico de extinción en cada sesión, lo que sugería que la rabieta estaba siendo fuertemente reforzada de alguna manera fuera de las sesiones y, quizás, también durante las mismas. Dado que la mayor parte de las sesiones se dedicaban a este "tira y afloja de demandas", Daniel estaba empezando a habituarse al procedimiento de "insistencia" que se aplicaba. ¿Podría ser que el procedimiento de "insistencia" estuviera empezando a servir de reforzador? En lugar de que la conducta se debilitara, en realidad estaba aumentando en intensidad y duración.

Claramente, la extinción mediante la repetición continua de una demanda no estaba funcionando. Aunque este plan de tratamiento sonaba muy bien en teoría, no funcionó como estaba previsto. Si reconsideramos que quizás las rabietas de Daniel también cumplían una función de búsqueda de atención, entonces parece plausible la teoría de que el procedimiento de "insistencia" puede haber funcionado como reforzador. Recordemos que Daniel recibía toneladas de atención cada vez que tenía una rabieta y su conducta de tener rabietas había aumentado en varias dimensiones.

Ahora, analicemos la guinda del pastel de esta conducta en particular. ¿Por qué Daniel lloraba diciendo "arriba" (*up*, en el original)? Recordemos que, al principio de este ejemplo, se explicó que se esperaba que Daniel completara una agenda de actividades programadas al principio y al final de cada sesión, para ofrecerle un entorno previsible y con estructura. Según el maestro de Daniel, sus rabietas aumentaron en duración e intensidad a lo largo de las semanas, cuanto más se acercaba el momento de hacer la agenda de actividades programadas del "final de la sesión". Finalmente, las rabietas empezaron en cuanto la agenda se sacaba de la estantería, acompañadas de sus incesantes gritos diciendo "arriba".

Efectivamente, se había instaurado la previsibilidad, aunque no de la manera que todos esperábamos. La agenda de actividades programadas se había emparejado continuamente a lo largo de las semanas con el final de la sesión y a Daniel se le permitía subir. Por lo tanto, la agenda se había convertido en un estímulo discriminativo para escapar de este ambiente de aprendizaje aversivo.

¿Qué hicimos, entonces? Fue bastante fácil arreglar este jaleo. Se utilizó el escape a nuestro favor, con el fin de disminuir el valor reforzante que tenía anteriormente y hacer que el ambiente de aprendizaje fuera reforzante en sí mismo para Daniel. Se creó una nueva agenda. Esta nueva agenda de actividades programadas, sin embargo, planificaba toda su sesión. De este modo, Daniel seguía teniendo predictibilidad y se evitaba cualquier emparejamiento involuntario entre la agenda y el fin inmediato de la sesión.

Además, se incluyeron escapes no contingentes en su agenda diaria, con el fin de disminuir la motivación para escaparse. Se observó que a Daniel le encantaba la cama elástica que sus padres habían instalado en el sótano. Por lo tanto, se incluyeron fotos de la cama elástica en el programa de reforzamiento. A Daniel sólo se le permitía saltar cuando la agenda le indicaba que podía hacerlo; esto evitaba cualquier posibilidad de saciedad. Los escapes no contingentes de Daniel, iban seguidos de actividades de baja demanda o de tiempo en mesa. Cualquier tiempo en la mesa (y fuera de ella, por cierto) era altamente reforzante y, de nuevo, las demandas se mantenían bajas y simples.

Tras unas semanas usando la nueva agenda, las rabietas de Daniel se redujeron a cero durante las sesiones. A medida que el ambiente de aprendizaje se volvía más reforzante, se introdujeron poco a poco más exigencias y se le permitió hacer sus "escapadas" al patio trasero. ¿El resultado final? Daniel ya no es el niño que llora diciendo "arriba".

SOLUCIÓN 38:

Interpretación de por qué Patricio continúa saludando

Este caso fue relativamente fácil, ya que el problema estaba muy claro. Lo que teníamos aquí era un simple caso de reforzamiento intermitente.

El reforzamiento intermitente es un término que se refiere al reforzador que no se da después de cada ocurrencia de una conducta determinada, sino después de sólo algunas de las respuestas. La lógica y el sentido común podría sugerir que este menor nivel de reforzamiento podría dar como resultado una conducta que se extingue con más facilidad. Sin embargo, generalmente se observa el efecto contrario. Una pequeña reflexión sobre algunos ejemplos cotidianos lo confirmará.

La conducta que se refuerza cada vez que ocurre, responde a lo que llamamos "reforzador continuo". Consideremos una máquina expendedora de refrescos. Cada respuesta de meter el dinero conduce a un reforzador (la salida del refresco). Las personas aprendemos a usar la máquina rápidamente y la conducta se mantiene en el tiempo. Sin embargo, ¿qué ocurre cuando la máquina se traga la moneda, pero no nos proporciona el refresco (reforzador)? Conductualmente hablando, la máquina ha puesto en extinción nuestra conducta de introducir el dinero. La mayoría de las personas se enfadan feamente con la máquina (un pico de extinción) y se ponen agresivos con la máquina. Sin embargo, notemos el punto más importante: la persona no sigue metiendo dinero en la máquina. La conducta se ha extinguido. Tal y como se expone en los libros de texto, la conducta mantenida por reforzamiento continuo tiene muy poca resistencia a la extinción.

Consideremos una máquina diferente: la máquina tragaperras. ¿Se paga siempre? Por supuesto que no. Nunca se sabe cuándo nos devolverá parte de nuestro dinero, quizás, incluso nos dará mucho más. Observando a las personas que juegan a las máquinas tragaperras, ¿tienden a dar una patada a las máquinas cuando no dan resultado, tal y como hacen con la máquina de refrescos que les quita el dinero y no da nada a cambio? ¿Dejan inmediatamente de introducir dinero, como hacen con una máquina de refrescos que no les proporciona el codiciado refresco? Por supuesto que no. Las personas siguen metiendo su dinero para obtener un pago compensatorio ocasionalmente.

El poder de la máquina tragaperras se deriva del poder del sistema de reforzamiento que utiliza. Cuando existe un sistema de reforzamiento intermitente, nunca se sabe cuándo la conducta va a ser reforzada ¡PODRÍA SER LA PRÓXIMA VEZ! Por lo tanto, las personas tienden a seguir realizando la conducta una y otra vez.

Desgraciadamente, los saludos de Patricio estaban mantenidos mediante reforzamiento intermitente. No se le reforzaba cada vez que decía "hola", sino según un número aleatorio de repeticiones. No se sabía cuándo la conducta daría lugar a un reforzador, pero al final siempre lo hacía, porque a veces sí decía "hola" adecuadamente y la gente le respondía. De este modo, la conducta resultaba aún más difícil de extinguir cuando se volvía a hacer el esfuerzo de tomarse la extinción en serio.

Como nota importante, cuando se inició el nuevo procedimiento de extinción, también se hizo un gran esfuerzo para dotar a Patricio de otras verbalizaciones que pudiera utilizar para hacer iniciaciones e interactuar con el personal. Recordemos que siempre que utilicemos un procedimiento de extinción es muy buena idea enseñar una conducta socialmente más apropiada que de acceso al individuo a ese mismo reforzador.

Como nota final sobre este asunto, un análisis más profundo sugirió que el plan de extinción no era bueno para esta conducta. No queríamos que el saludo se extinguiera, sino que bajara a niveles apropiados. Se puso en marcha un procedimiento de reforzamiento diferencial de tasas bajas (RDTB). Con un procedimiento de RDTB, la conducta (en este caso saludar a alguien) se refuerza siempre que haya transcurrido un tiempo suficientemente largo desde la última vez que se dio esa conducta (llamado tiempo entre respuestas). El procedimiento de RDTB fue eficaz y los saludos descendieron a niveles socialmente apropiados.

SOLUCIÓN 39:

Interpretación del caso del mando perdido

Kristine Quinby

Además de las estrategias ya comentadas en la descripción del caso, se iniciaron con Tomás los programas de "aceptar el no" y "esperar". También se le daban opciones y se le permitía elegir siempre que era posible, para que tuviera más control sobre su ambiente. De hecho, fue durante una situación de elección cuando dimos con la solución. En realidad, Tomás no quería una de las opciones presentadas, sino las dos. A veces las quería todas. En ocasiones quería el yogur y los cereales juntos. Había veces que quería primero las pasas y después el melocotón.

El mando que faltaba estaba en la especificidad. Había que enseñarle a utilizar palabras como "ambos", "y", así como "todos". Es importante reconocer que el hecho de que un estudiante parezca tener un vocabulario bien establecido no significa que sea un vocabulario completo.

SOLUCIÓN 40:

Por qué Andrés estaba teniendo una transición difícil

Sharon Sexton-Braun

Observemos en la descripción de la educación temprana de Andrés que consistió en una metodología de enseñanza basada en ensayos discretos (DTT, por sus siglas en inglés: Discret Trail Training), parecía ser el medio más eficaz para enseñarle. Siguiendo la filosofía de "si no está roto, no lo arregles", el personal siguió utilizando este método de instrucción como el principal método de enseñanza para Andrés.

Aunque la enseñanza con ensayos discretos es una forma muy eficaz de enseñar conceptos a los niños con trastornos del espectro autista, es peligroso utilizarla como único método de enseñanza, por las siguientes razones:

1. DTT no es el método con el que se enseña a los niños en un entorno de educación regular. Si ése es el único método con el que se ha enseñado a Andrés, no es de extrañar que no estuviera preparado cuando se introdujo un formato más parecido a una clase magistral.
2. La enseñanza previa, a través de DTT, había fallado en cuanto a la generalización de las habilidades de Andrés. Se utilizaron muy pocos estímulos y expresiones verbales, por lo que Andrés tuvo grandes dificultades para generalizar lo que había aprendido (véanse los capítulos anteriores sobre la generalización).

3. No se tuvo en cuenta la "trampa física". Andrés estaba acostumbrado a un maestro que estaba relativamente cerca de él. Ahora tenía que atender a un maestro que estaba a muchos metros de distancia. Nunca había trabajado en presencia de otros estudiantes y ahora estaba rodeado de aproximadamente otros 14 niños.

Obviamente, el objetivo era que Andrés fuera capaz de aprender y de utilizar el aprendizaje previo en estas condiciones nuevas. Por lo tanto, se debería haber tenido más cuidado en prepararle, desvaneciendo gradualmente su método de enseñanza hacia estas nuevas condiciones. La brusca transición señalada no fue culpa de Andrés, sino de un programa que no le enseñó las habilidades y en un entorno que resultarían necesarios para tener éxito en una clase ordinaria.

SOLUCIÓN 41:

Interpretación del agujero curricular y cómo llenarlo

Sharon Sexton-Braun

Roberto iba a entrar al preescolar de su colegio en aproximadamente un año. Aunque estaba preparado para lo académico, aún no había adquirido las habilidades de autocontrol y de autonomía personal necesarias para tener éxito en una clase de desarrollo típico de preescolar. Para que tuviera éxito, necesita ser capaz de seguir instrucciones y realizar actividades no preferidas. También necesitaba adquirir habilidades de lenguaje pragmático adecuadas a su edad. Sin estas importantes habilidades, no sería capaz de pedir ayuda cuando la necesitase en un aula de educación ordinaria, ni podría hacer ni mantener ningún amigo.

Se necesitaba una revisión seria de la programación. Sería necesario un entrenamiento intensivo en autocontrol y autonomía personal (ver capítulos anteriores). También habría que diseñar un currículum educativo más funcional. Una herramienta como la *Evaluación de las Habilidades de Lenguaje y Aprendizaje Básicas* (ABLLS, por sus siglas en inglés, *Assessment of Basic Language and Learning Skills*) o el plan de estudios de Selección de Objetivos Individualizados (IGS por sus siglas en inglés, *Individualized Goal Selection*), serían muy útiles para ayudar a elegir programas que completen las habilidades que tanto se necesitan.

SOLUCIÓN 43:

Sobre la emisión de 400 mandos por hora

(Si te sientes confundido, ten en cuenta que no había solución para el caso nº 42, ya que sólo se ha presentado una descripción, no se ha planteado ningún problema).

A primera vista, el problema en este caso no es inmediatamente obvio. Se determinó que el estudiante debía aprender a hacer mandos y lo hizo. El estudiante, de hecho, aprendió a hacer mandos a un nivel mucho más alto de lo que cabría esperar.

Aquí hay dos posibilidades. Una es que el sistema de recogida de datos estuviese mal. Cuatrocientas solicitudes por hora equivalen a entre seis y siete por minuto ¿Era el nivel realmente tan alto, o cabía la posibilidad de que hubiese un problema con el sistema de recogida de datos que se estaba utilizando? En este caso, el sistema de recogida de datos resultó ser correcto. Los datos captaron con precisión lo que estaba ocurriendo.

El problema que vemos aquí podría resumirse con el refrán "si bueno y breve, dos veces bueno". Los mandos de Hans se estaban produciendo a tal nivel que, entre el pedir, el darle lo solicitado y el consumo/uso del reforzador, no había tiempo para nada más. Mientras que el mando se había establecido sólidamente en el repertorio del estudiante ¡el maestro tenía muy poco tiempo para intentar enseñarle cualquier otra cosa!

La solución fue empezar a introducir gradualmente programas para retrasar el reforzador (¡no de extinción!) y de «aceptación del no» a lo largo del día del estudiante. El reforzamiento diferencial de tasas bajas, mencionado anteriormente, también hizo que la conducta de mando se redujera hasta un punto en el que se mantuvo la conducta, se cubrieron todas sus necesidades y se pudieron llevar a cabo otras enseñanzas.

SOLUCIÓN 44:

Explicación de la pérdida del recreo

Nuestro problema aquí es sencillo. Los estudiantes experimentaron algo llamado contingencia grupal. En una contingencia grupal, todo el grupo experimenta las consecuencias de acciones particulares que han llevado a cabo, posiblemente, sólo algunos miembros. En otras palabras, las consecuencias de la conducta no están determinadas individualmente. Para ser aún más precisos, los estudiantes que se comportan de acuerdo con todas las normas pueden, sin embargo, recibir consecuencias desagradables debido a la conducta inadecuada de sus compañeros.

Como se puede ver, hay enormes dificultades que pueden asociarse a las consecuencias dirigidas al grupo. En primer lugar, observemos que el "castigo" que se aplicó, que en realidad aumentó el problema de conducta, consistía en una pérdida de privilegios en el futuro. No se podía hacer nada para recuperarlo, estaba decidido. Por lo tanto, no había ningún incentivo para adoptar una conducta adecuada. Si te has entretenido y el parquímetro ha caducado y te has encontrado una multa de aparcamiento en el coche, ya no tiene sentido moverlo ahora, es mejor que termines lo que tenías que hacer.

En segundo lugar, ¿dónde está mi incentivo para comportarme apropiadamente cuando veo que otros estudiantes tienen una conducta inapropiada? Sé que el reforzador, el recreo, se perderá independientemente de lo que yo haga. Sencillamente, no hay ninguna razón para que me mantenga firme. Hay una relación no contingente entre mi conducta y el hecho de que tengamos o no el recreo.

En tercer lugar, consideremos las relaciones que esto fomenta entre los estudiantes (que es lo que algunos afirman que es la ventaja del procedimiento): los vuelve unos en contra de otros ¿no es así? La idea es que los estudiantes se vigilen unos a otros, pero ¿es realista pensar que los niños de cinco años puedan hacer esto? Incluso si hablamos de estudiantes de secundaria ¿realmente queremos que los compañeros se mantengan a raya unos a otros? No se me ocurre una forma mejor de fomentar el acoso escolar.

Esto no quiere decir que no pueda haber un papel para las consecuencias dirigidas al grupo en este mundo. Nuestra advertencia es que, por favor, seamos muy cuidadosos y selectivos cuando utilicemos tal procedimiento. Cooper, Heron y Heward (1987) tienen todo un capítulo en el que describen algunos ejemplos muy eficaces de consecuencias dirigidas al grupo, así como algunas de las consideraciones éticas y prácticas. Sin embargo, existen posibles desventajas. Sugeriríamos que se mantuviera este tipo de procedimientos para aquellos casos en los que los reforzadores se ganan, no se pierdan (por ejemplo, McCarty, Griffin, Apolloni y Shores, 1977).

SOLUCIÓN 45:

Por qué no funcionó la iniciación

Mi error aquí fue ser demasiado engreído. Damián había tenido tanto éxito en la adquisición de iniciaciones dentro de nuestro ambiente altamente estructurado, que nunca se me ocurrió que el mundo exterior podría no apoyar nuestro programa con la misma facilidad. Olvidé que no todo el mundo diría simplemente "sí" y empezaría a jugar. Algunas personas podrían no querer hacerlo y otras podrían no tener todavía la habilidad de responder a la iniciación de otros.

Sencillamente, no había programado la generalización o el mantenimiento de la conducta. Toda nuestra práctica se había realizado en casa, con adultos, y siempre tenía éxito. Me equivoqué por completo en el plan de transición. Para asegurarme de que Damián tuviera éxito en su intento, debería haber tenido un niño "cebo" en el parque. Damián le habría hecho una iniciación a mi aliado de edad infantil, que habría aceptado felizmente su iniciación y habría jugado con él.

Observemos que Damián no tenía prisa para volver a intentarlo. Esto indica que la extinción se estaba produciendo rápidamente. Esto también fue un error mío. Recordemos las explicaciones anteriores sobre los efectos del reforzamiento continuo frente al reforzamiento intermitente. Utilicé el reforzamiento continuo y, por lo tanto, no tenía derecho a escandalizarme cuando la conducta no mostraba mucha resistencia a la extinción. Como se ha señalado anteriormente, necesitaba planificar una transición mucho mejor. La iniciación debía practicarse con éxito en el parque, con niños. Una vez que esta conducta estuviera asentada de forma sólida, necesitaba desvanecer hacia un reforzamiento intermitente. Recordemos que el desvanecimiento al reforzamiento intermitente es un paso muy importante para aumentar la resistencia a la extinción y, por lo tanto, para aumentar la probabilidad de mantener la conducta. Esto es crucial cuando se trata de una conducta que se desea mantener.

En nuestras siguientes sesiones, comencé el plan con estas modificaciones y todo fue bien a partir de ahí.

SOLUCIÓN 46:

Interpretación de por qué "¡ella solía hacer eso!"

Lo que tenemos aquí es un problema muy sencillo. No hemos planificado el mantenimiento. Simona aprendió a subirse la cremallera de su abrigo durante el invierno. Tuvo muchas oportunidades de practicar, tanto en sus horas de enseñanza en el aula como en terapia ocupacional, así como incidentalmente mientras se ponía el abrigo para venir al colegio cada día o para ir a casa al final de la jornada.

Sin embargo, a medida que las estaciones cambiaban, también lo hacían las prendas exteriores. Un jersey con botones sustituyó al abrigo con cremallera. Como se consideraba que la habilidad estaba dominada, nadie volvió a pensar en ella. Sólo cuando el terapeuta ocupacional le hizo una evaluación formal al llegar la primavera, se dieron cuenta de que la habilidad se había perdido.

Para evitar estas dificultades, debemos recordar siempre que hay que planificar el mantenimiento. Incluso las habilidades dominadas deben practicarse. Esta práctica puede adoptar la forma de, simplemente, volver a repasar las viejas habilidades de vez en cuando y asegurarse de que todavía se pueden realizar y tal vez, volver a plantearlas como objetivo, si el rendimiento ha disminuido. Una estrategia alternativa y a veces más eficaz, es incorporar de algún modo la habilidad antigua en un programa más nuevo (por ejemplo, trabajar la identificación de las partes del cuerpo dominadas previamente, en el juego de "Simón dice").

Aunque en este ejemplo se habla de un procedimiento de aumento de la conducta, ten en cuenta que el mantenimiento es igual de importante en el abordaje de los procedimientos de reducción de la conducta. Es inútil reducir una conducta competitiva si va a resurgir una vez que el período de tratamiento intensivo se ha terminado. Hay que planificar el mantenimiento en los programas de modificación de conducta. Esto puede significar pasar a un reforzamiento más intermitente, formar al personal en un nuevo entorno al que vaya el estudiante o enseñar habilidades de autocontrol o autonomía (o las tres cosas y más).

Conclusión: no demos por sentado que, porque se hayan hecho progresos, ya hemos terminado de trabajar. Tenemos que seguir planificando para asegurarnos de que el progreso se mantiene.

SOLUCIÓN 47:

Lo que quiso decir la madre de Mariana

Lo que la madre de Mariana quería decir con esa pregunta, estaba muy claro: ¿cómo pretendía la maestra desvanecer el sombrero y enseñar a Mariana a establecer un contacto visual adecuado sin él?

Por desgracia, la maestra de Mariana no estaba muy versada en el tema del desvanecimiento. Dicho brevemente, si vamos a introducir algún estímulo adicional en un ambiente para fomentar que se produzca una conducta concreta, ¿cómo vamos a desvanecer entonces hacia situaciones más naturales, manteniendo simultáneamente la conducta?

Nos encontramos en el ámbito de las ayudas y el desvanecimiento de ayudas. Si vamos a introducir ayudas adicionales con el fin de fomentar la aparición de una conducta, deberíamos diseñar simultáneamente un plan para reducir (desvanecer) esas ayudas. No hacerlo puede llevar a lo que llamamos "dependencia de la ayuda". Como su nombre indica, la persona no realiza las habilidades bajo el control de estímulos naturales y depende de algo extra (como la guía física de un maestro de apoyo individualizado) para realizar determinadas habilidades.

Existe una amplia literatura sobre los tipos de ayuda y desvanecimiento de ayudas. Es importante conocerla, ya que esta literatura guiará nuestra forma de dar ayudas y de desvanecerlas. ¿Debemos desvanecer las ayudas yendo de "más a menos" o de "menos a más", por ejemplo?

En el caso de Mariana, su madre tuvo una gran idea. Sugirió que Mariana sólo llevara el sombrero durante las prácticas intensivas, a solas con un adulto (para no estigmatizarla con esta extraña prenda delante de los demás niños). Cada semana cortarían un pequeño trozo de la tela de cada lado. Semana tras semana, la pantalla visual se haría cada vez más pequeña. Para saciar vuestra curiosidad, era una gorra de los *New York Mets*. Por si os lo estábais preguntando, sí, la madre de Mariana pidió que la cambiaran de clase.

SOLUCIÓN 48:

Interpretación de por qué Antonio tenía problemas de conducta

Denise Mary Lombardi

Se trataba de un problema muy sencillo, que ni siquiera requeriría una evaluación funcional de la conducta formal. Antonio tenía una conducta de evitación de las tareas y su maestro le reforzaba por ello. Como era un niño muy brillante, no tardó demasiado en descubrir cómo manipular la situación en su beneficio. En cuanto se le indicaba que realizara una actividad no reforzante, tenía conductas disruptivas. En cuanto las tenía, se le recompensaba con algo mucho más motivador para él. La solución, por supuesto, era eliminar esta contingencia y hacer que las actividades reforzantes fueran contingentes a la realización de las actividades menos deseadas (es decir, usar el principio de Premack).

SOLUCIÓN 49:

Interpretación sobre qué pasó con las galletas

Holly Rittenhouse

Ana cometió algunos errores comunes, pero de crucial importancia, en este escenario. Asumió que, como Sílvia parecía querer siempre las galletas, éstas servirían siempre como un reforzador. Lo que Ana no recordó es que un estímulo sólo sirve como reforzador si aumenta la probabilidad de la conducta objetivo. En el caso de Sílvia y su desobediencia, las galletas no estaban aumentando las conductas adecuadas y, por lo tanto, no servían como reforzador. Al rechazar la galleta cuando se la ofrecieron, Sílvia le estaba diciendo a Ana que tenía que encontrar un nuevo reforzador. En este caso, Ana no reconoció los efectos de la saciedad. La saciedad se produce cuando un reforzador se da en abundancia y afecta a la ocurrencia de la conducta.

A menudo, los maestros se "obcecan" en utilizar los mismos reforzadores para sus estudiantes sin tener en cuenta su motivación. Si Sílvia no quiere galletas no estará dispuesta a trabajar por ellas. La saciedad es un ejemplo de operación de abolición: es decir, una operación de establecimiento que reduce la eficacia de los estímulos o acontecimientos como reforzadores y reduce la frecuencia de las conductas asociadas a esos reforzadores (Michael, 1993).

Este ejemplo nos recuerda la importancia de la evaluación de reforzadores, que puede llevarse a cabo de diferentes maneras. Puede realizarse con tanta frecuencia como sea necesario, incluso más de una vez al día. En una forma de evaluación de reforzadores, comenzaríamos presentándole al alumno tres elementos de uno en uno y aleatoriamente. Marcaríamos en nuestra hoja de datos de evaluación de reforzadores si el estudiante aceptó o no el estímulo. Continuaríamos así durante cinco o diez ensayos consecutivos. Deberíamos empezar a ver algunos patrones, ya que el estudiante acepta algunos estímulos con más frecuencia que otros. Los más aceptados son buenos para intentar utilizarlos como reforzadores. Cuanto más frecuentemente realicemos estas evaluaciones, más claro quedará la jerarquía de estímulos preferidos a no preferidos.

Al examinar el reforzador hay otros factores importantes que hay que tener en cuenta, como:

1. El valor del reforzador

El valor del reforzador se refiere a su valor para el individuo. Si el estudiante no encuentra el estímulo reforzante, no estará dispuesto a esforzarse para recibirlo. En cambio, si el reforzador es valioso para el estudiante, éste estará dispuesto a realizar un gran esfuerzo para poder obtenerlo.

2. Inmediatez del contacto con el reforzador

La inmediatez de la entrega podría convertirse en un problema si se exige al estudiante que espere un largo período de tiempo antes de poder entrar en contacto con el reforzador. Una vez trabajé con una estudiante que en su entorno escolar ganaba fichas, pero no recibía el reforzador por el que había estado haciendo las tareas durante todo el día hasta que llegaba a casa. Ni que decir tiene que, a menudo, hasta se olvidaba del premio.

3. Tasa de contacto con el reforzador

¿Con qué frecuencia contactan nuestros estudiantes con el reforzador? Si no están en contacto con el reforzador con la suficiente frecuencia, podría dar lugar a problemas de conducta. La tasa de entrega podría marcar la diferencia a la hora de mantener la motivación alta.

4. Magnitud del reforzador

La magnitud del reforzador es otro aspecto a tener en cuenta. Puede que los estudiantes no estén dispuestos a hacer las tareas por un octavo de un trozo de chocolate, pero si sacamos un trozo entero, podrían estar dispuestos a hacer mucho más.

5. El esfuerzo que debe realizar el estudiante por el reforzador

También es muy importante tener en cuenta la dificultad de la tarea y la cantidad de esfuerzo que se le exige al alumno. Si se le pide que haga algo que le resulta extremadamente difícil o que le supone un gran esfuerzo, el contacto con ese reforzador, sea cual sea, puede no ser tan importante para él. En situaciones como ésta, debemos pensar en nuestra propia motivación. No somos muchos los que estamos dispuestos a ir al gimnasio durante dos horas todos los días para conseguir un cuerpo increíble. Todos queremos tener un aspecto estupendo, pero la mayoría de nosotros simplemente no estamos dispuestos a hacer el esfuerzo para conseguirlo. Si sólo hicieran falta diez minutos al día, quizá todos nos esforzaríamos.

Siempre es beneficioso tener una variedad de estímulos que podamos utilizar como reforzadores. Al variarlos, disminuirá la probabilidad de que el estudiante se sacie de estos reforzadores en particular y, a su vez, disminuirá la probabilidad de que el estudiante tenga un problema de conducta debido a la pérdida del valor del reforzador.

SOLUCIÓN 50:

Interpretación de por qué Sebastián no podía examinar un conjunto de estímulos

Regina Claypool-Frey

Basándonos en la observación y en una cierta cantidad de tirones de orejas, se me permitió intentar algo herético. Coloqué, no muy cuidadosamente, 6 estímulos diversos sobre una mesa, con un estímulo de alta preferencia a un lado, todavía dentro del campo visual, pero fuera de los límites normales de lo que se consideraba el rango de rastreo de Sebastián. Lo localizó al instante. Le di un pequeño descanso, preparé un conjunto de estímulos ligeramente más grande y desordenado, con dos estímulos de alta preferencia (bolos) en lados relativamente opuestos de la mesa y le hice volver. Una vez más, encontró ambos estímulos, lo que requirió no sólo analizar su campo visual con movimientos oculares, sino también movimientos de la cabeza para encontrar ambos.

Hicimos algunas variaciones más, hasta presentar un conjunto de 15 estímulos, numerosos preferidos y de forma aleatorizada y pudimos observar, aceptando que había problemas con el ejercicio de seleccionar, que la capacidad de rastrear visualmente no era la cuestión fundamental. Romper esa suposición permitió al personal no sólo dar a Sebastián un poco más de crédito por sus habilidades, sino analizar por qué podría no tener éxito en la destreza que estaban enseñando.

Resultó que se trataba de la necesidad de rotar los reforzadores con más frecuencia e, irónicamente, de utilizar un conjunto de estímulos mucho más grande para hacer la tarea más interesante visualmente. Unas semanas más tarde, me dijeron que Sebastián estaba adquiriendo la habilidad en tareas de discriminación y elección.

SOLUCIÓN 51:

Por qué la "A" significa análisis

La propuesta para solucionar este programa y para, a lo mejor, enseñar realmente algunas de esas palabras, era deshacerse de este programa en su forma actual e ir primero a lo primero:

1. Poner en marcha un método sistemático de toma de datos que no incluyera marcas de verificación ni arco iris, de modo que fuera posible interpretar si el rendimiento estaba aumentando, disminuyendo o era estático y que permitiera la inspección visual de los patrones de error y de ayudas.
2. Identificar claramente cuál iba a ser el objetivo final del programa y realizar un análisis de tareas de los pasos que iban desde las habilidades más simples hasta las más complejas y compuestas. Es decir, dar un paso atrás y retroceder en el programa hasta las habilidades prerrequisitas de discriminación receptiva de las palabras, para luego colocarlas en la página y enseñarlas hasta dominarlas antes de pasar a los siguientes pasos.
3. Reducir drásticamente el tamaño del conjunto de estímulos a enseñar, el nivel de lenguaje del texto, el número de historias, el número de palabras por página y aumentar a través del entrenamiento por repetición. En resumen, lo que se necesitaba era poner en práctica un programa sistemático y progresivo, con una toma de datos que permitiera el análisis y hacer uso de ese análisis para determinar si se cumplía un criterio de dominio. ABA 101. Esa era la propuesta. Lamentablemente, la escuela informó

a los padres de que confiaban bastante en el personal que habían contratado y que no necesitaban ninguna ayuda externa.

SOLUCIÓN 52:

¿Por qué Gerardo necesitaba zapatos nuevos?

Nicole Dibra

Aparentemente, la forma en que estaba estructurada la jornada de Gerardo, al parecer debido a la falta de recursos y de personal, hacía que recibiera una enseñanza individualizada durante un tiempo determinado y que estuviera solo el resto del tiempo. La enseñanza más intensiva tenía lugar con su maestro. El tipo de enseñanza que usaban era de ritmo rápido, presentaciones mixtas de todas las habilidades que se habían propuesto como objetivo, un aprendizaje sin errores y, sin duda, una alta tasa de reforzamiento. Estos fueron procedimientos de enseñanza que sin duda resultaron eficaces para Gerardo, ya que se mantuvo atento a las tareas, respondió a su maestro e incluso pareció disfrutar de estas sesiones. Y lo que es más importante, las habilidades previamente dominadas por Gerardo se mantenían y estaba adquiriendo nuevas habilidades. Se observó que nunca tuvo problemas de conducta durante el tiempo de sesión. Estas sesiones de enseñanza duraban unos 30 minutos seguidos.

Sin embargo, una vez terminados estos periodos intensivos de enseñanza, se le permitía "ir a jugar con sus amigos". Los maestros tenían que darle ahora la instrucción directa a los otros niños que habían estado en el "recreo" durante los últimos 30 minutos. Durante el recreo, se invitaba a Gerardo y a sus "amigos" a realizar actividades de ocio de forma independiente, con una supervisión y asistencia mínimas y, normalmente, bajo la supervisión del ayudante menos cualificado. En este "recreo" es donde se producían la mayor parte de las agresiones, ya que los niños se peleaban por los juguetes u objetos preferidos. Gerardo aprendió a protegerse devolviendo la agresión.

Un "mecanismo de defensa" que se observó, fue colocarse junto al alféizar de la ventana. Parecía eficaz para mantenerse fuera de peligro.

Gerardo miraba fijamente por la ventana y era capaz de hacerlo durante largos periodos de tiempo o, al menos, hasta que sus maestros estaban preparados para enfrentarse a él de nuevo después de 30 minutos, o cuando él decidía que estaba preparado para el enfrentamiento. En ese caso, Gerardo corría o se volvía agresivo y el personal atendía entonces sus peticiones de súplica. Se hizo una aguda observación mientras disfrutaba de uno de sus pasatiempos favoritos. Mientras miraba por la ventana durante un largo periodo de tiempo, Gerardo había aprendido que cuando se ponía de pie sobre el radiador, obtenía una mejor vista de la calle... un radiador que estaba caliente durante los meses de invierno, justo en la época en que Gerardo necesitaba su nuevo par de zapatos. Mamá también decidió que necesitaba una nueva escuela.

El papá de Gerardo, afortunadamente, se encuentra muy bien y está sano.

La mamá le ha hecho recientemente hermano mayor.

Gerardo está ahora por fin en un lugar que le ofrece el nivel de atención e instrucción adecuado a sus necesidades. Su nuevo programa tardó unos dos meses en reducir sus conductas agresivas y de búsqueda de atención a niveles casi nulos. Era bastante obvio que Gerardo permanecería en la tarea mientras un maestro estuviera cerca de él, literalmente a 60 cm o menos. Sin embargo, si la distancia aumentaba, era una señal para él de que era "libre". Ser "libre" para Gerardo, en su historia, significaba que era el momento de subir la guardia para protegerse o de adoptar conductas que provocaran una interacción positiva mediada socialmente por los miembros del personal.

Fue un proceso muy diligente y sistemático, para que fuera deambulando de un lugar a otro sin fugarse o sin tener interacciones inapropiadas, ya que la fuga conducía a la persecución y la redirección a la agresión. Sin embargo, se observó que Gerardo siempre tenía esa sonrisa característica en la cara cuando pellizcaba o empujaba o daba patadas. No se trataba de una agresión en el sentido de que estuviera en un estado emocional de ira. Su sonrisa delataba que estos episodios le resultaban bastante agradables.

Desde entonces, la nueva escuela de Gerardo le ha enseñado a utilizar los horarios de juego y los temporizadores para las actividades abiertas. Se han sustituido sus conductas disruptivas por otras más adaptativas y se le ha dotado de lenguaje para pedir a los demás que jueguen con él.

El programa de Gerardo está finamente equilibrado, con una enseñanza intensiva individualizada o en pequeños grupos, así como con actividades de ocio independientes. Las habilidades de la vida diaria, los aspectos académicos, las habilidades sociales y el entrenamiento en comunicación son el centro de la programación. Hay objetivos de enseñanza para cada momento de su día. Parece que esto es justo lo que le gusta y necesitaba. Supongo que la manzana no cae demasiado lejos del árbol. Y debo añadir también, que Gerardo se ha hecho con un nuevo par de zapatos, en más de un sentido.

SOLUCIÓN 53:

Interpretación de por qué Samuel tuvo una rabieta en casa

Karissa E. Masuicca

En cuanto a la solución, puedo darte más detalles. Era una agenda de actividades con dibujos y textos bastante sencilla que había montado antes de que llegara a casa del colegio. Tenía cuatro columnas: una con una imagen de la actividad, otra con texto, otra con la cantidad de tiempo y la cuarta era una casilla para que él la marcara. Samuel ponía un temporizador con la cantidad de tiempo designada para cada actividad. También tenía uno pequeño que guardaba en su bolsillo para poder utilizarlo en el barrio y en la comunidad. También desarrollé agendas portátiles que podía llevar consigo a la tienda o al restaurante. En casa, la agenda se guardaba dentro de la mesa del comedor.

Utilizando una guía graduada, le enseñé a responder al temporizador para terminar una actividad, volver a la agenda y dirigirse a la siguiente actividad. Al principio, utilicé un recordatorio verbal de 2 minutos antes de que terminara la actividad para advertirle de la próxima transición. Con el tiempo lo desvanecí y ya seguía su agenda de forma independiente y casi sin que se produjeran problemas de conducta. Duraba desde que se bajaba del autobús hasta la hora de acostarse.

Entonces, ¿dónde estaba la diferencia con lo que hacíamos antes, cuando las rabietas eran algo habitual? Como siempre, los detalles son lo importante. Con el sistema del "temporizador", era muy evidente cuándo empezaban y terminaban las actividades. Utilizábamos un temporizador visual que hacía más concreto el movimiento del tiempo. Con esta nueva previsibilidad, desapareció la ansiedad que se había experimentado anteriormente con respecto a las transiciones aparentemente imprevisibles.

SOLUCIÓN 54:

Por qué los elogios no refuerzan la conducta de Carlos

Como solíamos decir en Rockaway, "bien, he aquí el quid de la cuestión". No era que Carlos no encontrara los elogios reforzantes. Los experimentos posteriores determinaron que sí lo hacía. El problema era que Carlos no encontraba reforzantes los elogios de Cintia. No pasa nada: a todos nosotros nos pasaba lo mismo.

Los elogios de Cintia eran, simplemente, demasiado ruidosos y sobre estimulantes para Carlos. Volviendo a lo básico y como hemos repetido tantas veces, un reforzador sólo es un reforzador si refuerza. Cintia estaba entregando una consecuencia no un reforzador. A Carlos le pareció que el jazz suave y no el heavy metal, le servía como reforzador. El volumen y los empujones eran en realidad bastante inquietantes para él, aunque otros estudiantes sí encontraban ese estilo de elogio reforzante.

Una distinción tan sutil es una de las razones por las que es tan importante que los equipos se reúnan y estandaricen los procedimientos y que resuelvan los problemas por los que algunos miembros del personal pueden tener más dificultades que otros en determinadas situaciones de enseñanza. Un documento puede decir "reforzar", pero eso puede significar cualquiera de entre un millón de estilos y procedimientos. Entender cómo debe entregarse ese elogio para que sea reforzante, en lugar de bastante castigador, marcará la diferencia.

SOLUCIÓN 55:

Interpretación de la falta de contacto visual de Lilian

Resultó que la falta de respuesta de Lilian a los saludos sociales fuera de las condiciones de enseñanza sí resultó ser relevante. Se trataba de la misma cuestión que el contacto visual. En pocas palabras, a Lilian se le estaba enseñando a realizar las habilidades, pero sólo durante las condiciones de enseñanza. Observemos la forma en que se realizaba el contacto visual. Se le pedía que estableciera contacto visual, el maestro y la estudiante se miraban fijamente en silencio y luego se terminaba el ensayo y cada uno miraba hacia otro lado.

¿Es esta la forma en la que usamos el contacto visual en el mundo real? Por supuesto que no. En la vida diaria, el contacto visual es el preludio de algún tipo de interacción. Sin embargo, lo que se hacía durante el ensayo era enseñarle que se hacía contacto visual durante un rato y luego se miraba hacia otro lado en cuanto alguien decía algo. Después, no se hacía nada hasta la próxima vez que alguien le pedía contacto visual. No era de extrañar que Lilian no usara el contacto visual en ningún otro tipo de interacción. En efecto, se le estaba enseñando, específicamente, que el contacto visual no servía para la interacción y que uno miraba hacia otro lado en cuanto lo había mantenido en silencio durante un tiempo suficiente. Cualquier palabra hablada era una señal de que era el momento adecuado para romperlo.

Los saludos sociales seguían un patrón similar. Se practicaban en el entorno de la enseñanza. El maestro decía "Hola, Lilian". Lilian respondía con un saludo, el maestro registraba los datos y luego volvía a saludarla. Ninguno de los dos iba a ninguna parte, sino que se limitaban a saludarse.

En otras palabras, al igual que con el contacto visual, la conducta de saludar estaba totalmente alejada de su uso real en situaciones del mundo real.

Las soluciones eran sencillas. Los ensayos se aproximarían más a la vida real. Se seguiría solicitando el contacto visual y recogiendo datos, pero se haría en el contexto de una interacción. El maestro captaría la atención y el contacto visual de Lilian, pero en lugar de limitarse a mirarla fijamente, le haría una pregunta o le pediría que demostrara otra habilidad de entre sus objetivos. El maestro registraría entonces TANTO el contacto visual de Lilian como su precisión con la otra habilidad que se le había pedido. De este modo, se le enseñaba que el contacto visual no era algo aislado que se hacía para ganar un concurso de miradas, sino que era un precursor de otras interacciones más amplias. La solución para los saludos sociales fue la misma: en lugar de practicarlo fuera de su contexto habitual, se sacó la hoja de datos del libro y se dejó a un lado para que se practicara cada vez que Lilian entrara en la habitación, o lo hiciera el maestro, o entraran papá o mamá...

Recordemos que el hecho de trabajar una habilidad no significa que tenga que sentarse a hacer diez ensayos seguidos (véase la discusión de este tema en el libro Behaviorask). De hecho, esta es a menudo una buena manera de "entrar a matar" una habilidad. Aunque a menudo será necesario realizar ensayos discretos de forma intensiva, intentemos, si es posible, incluir usos de la habilidad en la vida real como parte de la programación, para que la habilidad se enseñe de forma que el individuo aprenda a utilizarla en el contexto adecuado y de la forma apropiada.

SOLUCIÓN 56:

Por qué Simón se metía debajo del escritorio

Mientras observaba la conducta de Simón, tenía la ligera sospecha de que ninguna de las hipótesis sugeridas (evitación, ritual o provocación), era realmente la variable explicativa. Nunca hay que pasar por alto lo obvio. La conducta, en sí misma, proporcionaba su propio reforzador.

Recordemos que se dijo que el inicio de la conducta coincidía con el comienzo del semestre de verano. Recordemos también que se dijo que sólo realizaba esta conducta con el personal femenino. El verano significaba chanclas y otros calzados del estilo y parecía que a Simón, como a un sinfín de hombres, eso le gustaba. En la lengua vernácula, se le describiría como un fetichista de pies. Sin embargo, este término tan común es en realidad un término erróneo. Un patrón de excitación sexual por una parte del cuerpo que no se considera típicamente sexual en la subcultura se describe, más exactamente, como un parcialismo. Un fetiche generalmente se refiere a excitarse por un objeto concreto que no se considera sexual dentro de la subcultura (por ejemplo, los zapatos, pero ya vimos que no era el caso). El hecho de tirar de su escritorio hacia sí no formaba parte de un ritual, sino de proporcionarse a sí mismo una estimulación física.

Llevamos a cabo unos breves experimentos para confirmar que éste era efectivamente el caso. El personal femenino se puso botas u otro calzado más cerrado. Esto no hizo que Simón se metiera debajo del escritorio. El personal masculino con chanclas tampoco dio lugar a esa conducta. El personal femenino que no llevaba ningún tipo de calzado dio lugar a la conducta, pero no se observó cuando el personal masculino iba sin zapatos.

La solución en este caso fue un arreglo temporal, ya que el personal femenino se aseguró de llevar un calzado más conservador cuando trabajaba con Simón. Al mismo tiempo, se le enseñaron habilidades sociales y se intentó proporcionar salidas alternativas a este interés a través de revistas y de vídeos.

"Vainilla" es un término de broma informal utilizado en la literatura sobre sexualidad que deriva de nuestras modernas tiendas de helados, con sus docenas de sabores disponibles. Alguien que entra en una tienda de este tipo y pide "vainilla", se le considera como alguien que conoce el amplio mundo de las variaciones sexuales y sólo está interesado en algo muy convencional.

Muchos hombres y mujeres son "no vainilla", pero sus habilidades sociales les permiten saber cuándo es aceptable hablar y actuar según sus deseos. Otros que aún no han desarrollado habilidades sociales similares, pueden tener los mismos intereses, pero no discriminan los momentos apropiados e inapropiados para actuar según estos impulsos. Como ya señalé en un capítulo anterior, meter la cabeza en la arena y pretender que los individuos con trastornos del neurodesarrollo son asexuales, no sirve de nada. Tenemos que ayudar a las personas a aprender a desarrollar sus habilidades sociales para evitar consecuencias potencialmente dañinas.

SOLUCIÓN 57:

Deshacerse de la ecoica

Dana R. Reinecke

Sandra se apartó de buena gana y me permitió tomar el relevo con Alex. Le hice saber que era yo quien estaba con él, ya que habíamos trabajado juntos durante más de un año y me conocía bien. Alex sonrió al verme, cogió sus lápices de colores y empezó a colorear. Cuando la maestra dio la instrucción de guardar los lápices de colores un rato después, Alex guardó sus lápices. El alcance de mi participación en esta operación fue situarme a medio metro detrás de él y poner una ficha en su tablero de vez en cuando.

Más tarde, le pedí a Alex que limpiara después de haber terminado el juego libre y así lo hizo. Le dije que cogiera su merienda y empezó a caminar en dirección contraria. Me acerqué por detrás de él y giré suavemente su cuerpo hacia la zona de la merienda y luego retrocedí. Alcanzó su merienda sin problemas.

Al cabo de una hora, Alex había completado las mismas tareas y actividades que sus compañeros, con mínimas indicaciones o ayudas. Podríamos contar con los dedos de una mano, las palabras que le dirigí en esa hora, salvo una breve conversación que mantuvimos sobre su merienda, mientras se la comía, cuando era apropiado tener un intercambio social. Permanecí cerca de Alex, pero no me puse encima de él ni hice nada por él.

Cuando volví con Sandra y le dije: "¿Ves la diferencia?". Pensé que estaba bastante claro.

Sin embargo, lo que dijo demostró que aún no lo entendía: "Sí, la diferencia es que él te escucha. ¡Tú sabes qué decirle o cómo hablarle o algo que yo no sé!".

Lo que Sandra no entendía era que yo hacía mucho menos que ella. Principalmente, estaba evitando utilizar ayudas e instrucciones verbales. En lugar de hacerme eco de la profesora o repetir mis palabras varias veces, utilizaba indicaciones gestuales y ayudas físicas para ayudar a Alex a conectar el lenguaje con la acción. Alex tenía una historia conmigo en la que nunca repetía mis propias instrucciones ni las de nadie. Si no cumplía una instrucción, se le ayudaba a hacerlo con ayudas no verbales.

No podía saber si Alex ignoraba voluntariamente las instrucciones verbales de Sandra, "sabiendo" que ella acabaría haciéndolo por él. Tampoco necesitaba escuchar al maestro de la clase (que era un objetivo importante para él), porque su maestra sombra se limitaba a repetírselo todo. Otra posibilidad, es que el uso excesivo del lenguaje por parte de Sandra fuera abrumador para él, no pudiera procesarlo y estuviera escuchando un galimatías. Por último, puedo admitir la posibilidad de que su capacidad para procesar el lenguaje difiera en distintos momentos y que simplemente no oiga o entienda las instrucciones a veces. En cualquiera de estos casos, el único procedimiento eficaz sería utilizar ayudas no verbales para que Alex haga lo que se le pide.

Cuando se entrenó a Sandra para que utilizara una ayuda no verbal (física), para que nunca se repitiera a sí misma ni al maestro del aula, sino para que diera ayudas de forma eficaz, Alex se mostró inmediatamente más receptivo al lenguaje. Escuchaba a la maestra y a Sandra con más facilidad.

Como nota al margen, también empezamos a trabajar para que Sandra se situara progresivamente más lejos de él, hasta que pudiera vigilarlo desde varios lugares del aula. El otro error que observé y, quizás tú también, fue que la conducta de Alex estaba bajo el control de alguien que se encontraba cerca. Esto no era lo que queríamos como objetivo final de independencia, así que trabajamos para disminuir la proximidad del maestro sombra.

SOLUCIÓN 58:

Explicación del BAÑO LOTTO

Jeff Samuel

Decidimos idear un sistema de recompensa para nuestros maestros con el fin de animarlos a alentar a Dilan a utilizar el baño de forma adecuada. Señoras y señores, les presento el BAÑO LOTTO. El sistema es sencillo. Hice una tabla con 4 columnas y la colocamos en su carpeta de datos de programas ABA. Las columnas 3 y 4 se explican por sí mismas.

nombre	fecha	#1	#2
Cristina	*6/9*	*II*	*I*
Olivia	*6/11*	*I*	*I*
Samara	*6/12*	*III*	
Sara	*6/14*		*I*

Como en todo buen programa ABA, se necesitan datos precisos. Los maestros se limitaban a marcar el número de veces que nuestro hijo utilizaba el baño adecuadamente durante su turno.

Para preparar nuestra reunión de equipo, mi mujer compraba un paquete de reforzadores apropiado para cualquiera del equipo Dilan. Como todas nuestras maestras eran mujeres de entre 20 y 27 años, mi esposa tenía claro lo que sería una buena recompensa. A veces era una tarjeta regalo para un restaurante o el cine. Otras veces era una cesta de regalo con un montón de "cosas de chicas" de la marca "Baño y anatomía" (nombre de la tienda modificado, ya que nuestro editor nos dijo que no usáramos nombres propios), que olía claramente diferente a lo que mi hijo les regalaba. De vez en cuando, la recompensa por el BAÑO LOTTO era un sobre con dinero frío y duro ¡Tocado y hundido!

En nuestras reuniones de equipo, celebradas cada dos semanas, sacábamos la hoja de datos del BAÑO LOTTO. Cuando iban llegando, escribían su nombre en una tira de papel por cada vez que Dilan hubiera utilizado el baño de forma adecuada. Si había hecho el "número 1", colocaban una tira en el sombrero por cada vez que lo hizo. Utilizando el principio ABA de reforzamiento diferencial, se les permitía colocar dos tiras en el sombrero por cada vez que Dilan hubiese hecho el "número 2". Eso nos pareció justo, ya que el trabajo era más desagradable.

Al final de cada reunión de equipo sacábamos un nombre del sombrero. Redoble de tambores, por favor... y el ganador es... TODOS. Dilan aprendió a usar el baño adecuadamente en dos meses. Los maestros recibieron un "regalo extra" de vez en cuando. Mi mujer y yo quemamos los pañales en nuestro patio trasero bajo la luna llena.

Hubo muchos beneficios secundarios del programa de BAÑO LOTTO, además de los obvios. El beneficio más valioso fue la forma en que moldeó la actitud de nuestro equipo hacia nuestro programa ABA. Les demostró que nos preocupábamos tanto por nuestro hijo como por ellos como personas. Les demostró que éramos coherentes y estábamos comprometidos. Les demostró que estábamos en ello a largo plazo. Nunca hemos tenido un maestro que deje nuestro programa de malas formas. Nunca.

Dado que el reforzamiento intermitente es el más fuerte en términos de hacer una conducta duradera, nos proporcionó una valiosa herramienta para motivar a nuestro equipo. Una vez terminada la misión de BAÑO LOTTO, cambiamos el juego. Lo generalizamos a "LOTTO puntual" porque donde vivimos, Nueva Orleans, la impuntualidad es un estilo de vida. Seguimos cambiándolo a medida que cambiaba nuestro programa, para seguir motivando y recompensando al equipo de maestros de Dilan por su duro trabajo.

Para terminar, espero que este capítulo ayude al menos a una familia. En cuanto al entrenamiento para ir al baño, es un trabajo de M¡346@, pero alguien tiene que hacerlo.

SOLUCIÓN 59:

¿Graduación o fracaso? ¡Graduación!

Krista C. Bradford

Así que nos reunimos en equipo para resolver el problema de por qué Dilan no quería participar en la ceremonia de graduación. Hipotetizamos que no se trataba de la ceremonia en sí, sino más bien de que no quería perderse otros aspectos de su día a día (la lectura, el recreo, etc.). Así que lo primero que hicimos fue prepararle un nuevo horario. Mamá lo revisó en el coche de camino al colegio y su maestro lo revisó a primera hora de la mañana.

También fuimos al gimnasio y tomamos fotos de por dónde caminar, cómo subir al escenario y dónde colocarse. Asignamos un compañero a Dilan, su actual amigo favorito de la clase, e incluimos todo esto en una historia social. Añadimos a nuestro arsenal de reforzadores nuevos estímulos, que esperábamos que pudieran ser utilizados durante el tiempo de inactividad de Dilan, mientras otros estudiantes cantaban solos o daban discursos (un muelle, caramelos masticables, etc.).

El primer día, con todas las nuevas herramientas ¡se desarrolló sin problemas! Me enorgullece decir lo mismo con respecto al resto de las sesiones de práctica. Terminamos el año del jardín de infancia con Dilan caminando por el pasillo al ritmo de la marcha "Pompa y Circunstnacia", llevando una gorra, cantando en el escenario con todos sus amigos y, lo más importante, pasándoselo en grande. Fue un buen recordatorio para todos nosotros sobre la importancia de no hacer suposiciones, de mantener a nuestros hijos informados de sus horarios y de los cambios y de no rendirse cuando alguien está convencido de que algo no se puede hacer. Nuestro plan inicial, basado únicamente en el reforzamiento, no fue eficaz. Fue nuestro conocimiento de Dilan lo que nos permitió determinar la función de su dificultad y diseñar el plan adecuado, alterando las condiciones.

(Nota del editor: terminamos felizmente este libro con esta comunión entre padres y profesionales, que no se rindieron ni asumieron su incapacidad, sino que modificaron un plan de tratamiento que no funcionaba. Utilizaron los principios de la ciencia de la conducta para lograr este resultado tan feliz. Nos despedimos hasta que nos volvamos a encontrar. Como dijo William Goldman: "¡Diviértete asaltando el castillo!")

Referencias y lecturas sugeridas

Bailey, J. y Burch, M. (2006). *How to think like a behavior analyst.* Lawrence Erlbaum Associates, Inc.

Bailey, J. S. y Burch, M. R. (2022). *Ética para analistas de conducta* (4ª ed.). ABA España.

Carr, E. G., y Durand, V. M. (1985). Reducing behavior problems through functional communication training. *Journal of Applied Behavior Analysis*, 18, 111-126.

Cooper, J. O., Heron, T. E., y Heward, W. L. (2020). *Análisis aplicado de conducta* (3ª ed.). ABA España.

Durand, V. M. (1990). *Severe behavior problems: A functional communication approach.* The Guilford Press.

Foxx, R. M. (1982). *Decreasing behaviors of persons with severe retardation and autism.* Research Press.

Foxx, R. M. (1982). *Increasing behaviors of persons with severe retardation and autism.* Research Press.

Freeman, S. K., y Drake, L. (1997). *Teach me language.* Langley, SKF Books.

Goetz, E. M., y Baer, D. M. (1974). Social control of form diversity and the emergence of new forms in children's blockbuilding. *Journal of Applied Behavior Analysis, 6*, 209-217.

Harding, J. W., Wacker, D. P., Berg, W. K., Rick, G. and Lee, J. F. (2004). Promoting response variability and stimulus generalization in martial arts training. *Journal of Applied Behavior Analysis, 37*, 185-196.

Lawson, W. (2005). *Sex, sexuality, and the autistic-spectrum.* Jessica Kingsley.

Ludwig, T. D. and Geller, E. S. (1997). Assigned versus participative goal setting and response generalization: Managing injury control among professional pizza deliverers. *Journal of Applied Psychology, 82*(2), 253-261.

MacCorquodale, K. (1971). Behaviorism is a humanism. *The Humanist, 31*(2), 11-12.

Malott, R. W. y Suarez-Trojan, E. W. (2003) *Principles of Behavior (5ª ed.), the textbook formerly known as elementary principles of behavior.* Prentice Hall.

Maurice, C., Green, G., y Luce, S. C. (1996). *Behavioral intervention for young children with autism.* Pro-Ed.

McCarty, T., Griffin, S., Apolloni, T., y Shores, R. E. (1977). Increased peer-teaching with group-oriented contingencies for arithmetic performance in behavior-disordered adolescents. *Journal of Applied Behavior Analysis, 10*, 313.

Michael, J. (1993). Estblishing Operations. *The Behavior Analyst, 16*, 191-206.

New York State Department of Health Early Intervention Program (1999). *Clinical practice guideline: Report of the recommendations, autism and pervasive developmental disorders.*

Newman, B. (1999). *When everybody cares: Case studies of ABA with people with autism.* Dove and Orca.

Newman, B. (1992). *The reluctant alliance: Behaviorism and humanism.* Prometheus Books.

Newman, B., Needelman, M., Reinecke, D. R., y Robek, A. (2002). The effect of providing choices on skill acquisition and competing behavior of children with autism during discrete trial instruction. *Behavioral Interventions, 17*, 31-41.

Newman, B., Reeve, K. F., Reeve, S. A., y Ryan, C. S. (2003). *Behaviorspeak: A Glossary of terms in applied behavior analysis.* Dove and Orca.

Newman, B., Reinecke, D. R., Birch, S., y Blausten, F. G. (2002). *Graduated applied behavior analysis.* Dove and Orca.

Newman, B., Reinecke, D.R., y Hammond, T. (2005). *Behaviorask: Straight answers to your ABA programming questions.* Dove and Orca.

Newport, J. y Newport, M. (2002). *Autism, Asperger's and Sexuality.* Future Horizons.

Page, T. J., Iwata, B. A., y Reid, D. H. (1982). Pyramidal training: A large-scale application with institutional staff. *Journal of Applied Behavior Analysis, 15*, 333-351.

Sidman, M. (1989). *Coercion and its fallout.* Boston: Authors Cooperative.

Skinner, B. F. (1976). The ethics of helping people. *The Humanist, 36*(1), 7-11.

Skinner, B. F. (1974). *About behaviorism.* New York: Random House.

Skinner, B. F. (1972). Humanism and behaviorism. *The Humanist, 32*(4), 18-20.

Skinner, B. F. (1971). Humanistic behaviorism. *The Humanist, 31*(3), 35.

Skinner, B. F. (2022). *Ciencia y conducta humana.* ABA España. (Original publicado en 1953)

Stokes, T. F., y Baer, D. M. (1977). An implicit technology of generalization. *Journal of Applied Behavior Analysis, 10*, 349-367.

Sundberg, M. L., y Partington, J. W. (1998). *Teaching language to children with autism or other developmental disabilities.* Behavior Analysts, Inc.

Wrobel, M. (2003). *Taking care of myself: A healthy hygiene, puberty and personal curriculum for young people with autism.* Future Horizons.

Acerca de los autores

Krista C. Bradford, L.C.S.W., B.C.A.B.A. es trabajadora social, clínica y analista de conducta. Actualmente reside en Nueva Orleans, Luisiana. Antes del huracán Katrina, era la supervisora clínica del Tribunal Juvenil de Drogas de Jefferson Parish. Desde la tormenta, ha trabajado en la práctica privada, desarrollando programas de tratamiento basados en la comunidad para niños con autismo en Luisiana y Mississippi. También es asociada de ventas a tiempo parcial en Pottery Barn. Su tiempo libre lo pasa con su pareja montando en patinete y recientemente han formado una banda, Los Supervivientes de la Tormenta. Están reconstruyendo la ciudad, trago a trago. Krista es también la fundadora de Behavior Matters, un grupo que atiende a personas con autismo y a sus familias.

Rocío E. Chávez, M.A., BCBA es analista de conducta. Rocío se licenció en Psicología y obtuvo un máster en Análisis de Conducta Aplicado a la Clínica en la Universidad de Queens, en la Ciudad de Nueva York. Trabaja en una agencia haciendo consultorías sobre conducta a profesores y al personal que atiende las necesidades de la población con espectro autista. También enseña principios y técnicas de ABA, además de presentar investigaciones en conferencias estatales y nacionales. Rocío recibió el premio al miembro estudiantil del año 2005 de NYSABA (Análisis Aplicado de la Conducta del Estado de Nueva York). Le gusta salir con su familia y viajar a la República Dominicana (los que la conocen entienden esto).

Regina Claypool-Frey es madre de dos hijas, una de ellas con un trastorno del espectro autista. A raíz de este cambio de vida, pasó de ser investigadora en química ambiental a entusiasta y defensora de ABA y de las intervenciones basadas en pruebas empíricas para estudiantes con trastornos del espectro y otros trastornos del desarrollo. En la actualidad, sus intereses se persiguen de forma pro-bono, pero le gustaría completar los requisitos para presentarse a la certificación BCaBA. Está terminando una tesis sobre Enseñanza de Precisión y, actualmente, está trabajando en ese campo.

Nicole Dibra, cofundadora y codirectora ejecutiva de la Escuela ELIJA, completó su curso de Análisis Aplicado de Conducta aplicado a la Educación Especial en el programa de Penn State. También se certificó en Desarrollo Profesional en Autismo a través de Penn State. Es la cofundadora de la Fundación ELIJA, la mayor organización educativa de Long Island especializada en el tratamiento de niños con autismo. La Sra. Dibra también es la codirectora ejecutiva de Effective Interventions, una clínica que trabaja modificación de conducta para niños con trastornos del espectro autista en el condado de Nassau. Ha trabajado ofreciendo servicios ABA durante los últimos 4 años. En la actualidad, imparte formación práctica al personal y dirige talleres sobre procedimientos de enseñanza para quienes trabajan con niños con autismo. También presenta talleres en una variedad de temas relacionados con la intervención y la crianza de niños con TEA. Le gusta especialmente presentar talleres sobre "Cómo establecer una relación y obtener el control de la enseñanza con los estudiantes reacios a aprender: cómo sentar las bases de experiencias de aprendizaje positivas para los niños con autismo.» La Sra. Dibra es madre de un niño de 9 años con autismo. Vive en Long Island, NY, con su marido Jim y sus 3 hermosos hijos.

Tammy Hammond Natof es Analista de Conducta, BCBA y está obteniendo un doctorado en psicología clínica en la Universidad de Binghamton. Tammy está llevando a cabo la investigación de su tesis sobre el uso del juego imitativo y sus efectos en la conducta social de los niños diagnosticados con autismo. Le gustaría agradecer a los doctores Newman y Reinecke su ejemplar gratuito de Detectives de la Conducta a cambio de contribuir con un capítulo del libro.

Mary Ann Klein, M.S., ha estado enseñando a niños en el espectro del autismo durante los últimos diez años. Enseñó durante cinco años en las escuelas públicas de Nueva York, además de prestar servicios de enseñanza en educación especial a domicilio y lleva cinco años enseñando en Long Island. Se licenció en el Loyola College de Maryland y obtuvo un máster en el Hunter College. Actualmente está inscrita en un programa BCBA a través de la Universidad del Norte de Texas.

Denise Mary Lombardi, CPA, es madre a tiempo completo y una persona que exprime números a tiempo parcial. Se graduó en la Universidad de Hofstra en 1996 con un título en administración de empresas. Denise ha estado involucrada en el campo del análisis aplicado de conducta durante 3 años. Es miembro de la Fundación ELIJA y de NYSABA.

Karissa E. Masuicca, M.Ed., es profesora certificada de educación primaria y educación especial. Se licenció en Educación Primaria por la Universidad Estatal de Oswego y tiene un máster en Educación Especial por el Hunter College. Recientemente, ha completado el programa de certificación BCBA en Penn State y actualmente forma parte del personal del Alpine Learning Group. Karissa ha trabajado con personas con autismo durante casi 10 años. Ha estado enseñando en colegios privados con una metodología basada en Análisis de Conducta en el área metropolitana de Nueva York, durante los últimos 4 años. También tiene un hermano con autismo.

Bobby Newman es Analista de Conducta Certificado, BCBA y licenciado en psicología. Bobby es primer autor de siete libros anteriores a este y es autor de más de dos docenas de artículos. Ofrece formación de personal y consultoría en todo el mundo y ha sido honrado por este trabajo por varios grupos de padres, incluyendo la concesión de un premio nombrado en su honor por la FEAT (por sus siglas en inglés: Families for Effective Autism Treatment; Asociación de Familias en Defensa de Tratamientos Efectivos para el Autismo), del centro de Nueva York y el nombramiento de caballero por el grupo F.A.I.T.H. de Inglaterra. A pesar de ello, Sir Robert prefiere su humilde papel del Señor Oscuro de ABA, el personaje escénico que desarrolló para mantener a la gente despierta durante las largas presentaciones de material de estudio, a veces excesivamente técnico. En la vida real, Bobby es un "padre al uso" y no deja de sorprenderse la frecuencia con la que la gente no entiende la función del personaje/chiste del "analista de conducta masculino más sexy del mundo".

Kristine Quinby, M.Ed., BCBA, es Analista de Conducta Certificada y profesora certificada de Educación Primaria y Especial. Kristine tiene una maestría en Educación Especial en Penn State y recibió su licenciatura en la Universidad Rider en Educación Primaria y Psicología. Ha trabajado con personas con necesidades educativas especiales como personal de apoyo en terapia, consultora de casos, supervisora de la unidad residencial en un centro de tratamiento, asistente de aula y maestra. Ha trabajado por cuenta propia como consultora de familias y distritos escolares durante más de 6 años. Además, Kristine ha servido al Grupo de Trabajo de Autismo de Pensilvania, al Grupo de Trabajo de Autismo del Condado de Bucks y a Conexiones Comunitarias para Todos los Niños. En la actualidad, Kristine forma parte de la Junta de la Asociación del Consejo de Niños Excepcionales de Pensilvania (PACEC, Pacific Autism Center for Education). Actualmente, es la Directora Ejecutiva de Potential, Inc. una organización sin ánimo de lucro. La misión de Potential, Inc. es ayudar a las personas con trastornos del neurodesarrollo a alcanzar su potencial educativo, social y emocional centrándose en la aplicación y la realización de investigaciones científicas. Potential, Inc. se dedica a proporcionar

www.ingramcontent.com/pod-product-compliance
Ingram Content Group UK Ltd.
Pitfield, Milton Keynes, MK11 3LW, UK
UKHW022026190726
13853UKWH00005B/2137

9 788409 43991